zafer
YAYINLARI

zafer
YAYINLARI
yayın no: 300
ANNE OLMA SANATI

Genel yayın yönetmeni: Ergün Ür
Tashih: Adem Dirioğlu
İç düzen: Durmuş Yalman
Kapak: DY.Dizayn
İsbn: 978 975 261 220 4
Sertifika no: 14452

Zafer Yayınları, Zafer Yayın Grubu'nun bir kuruluşudur.
Mahmutbey Mh. Deve Kaldırımı Cd. Gelincik Sk. No:6, Bağcılar - İstanbul, Türkiye
Tel: (0 212) 446 21 00 - Faks: (0 212) 446 01 39
www.zafer.com - zafer@zafer.com
www.facebook.com/zaferyayinlari - www.twitter.com/zaferyayinlari

2. Baskı: Kasım, 2013
Baskı-cilt: Altınoluk Matbaacılık, 0 212 671 07 07

Anne Olma Sanatı

- Ev Hanımı Annelere
- Çalışan Annelere
- Üvey Annelere
- Boşanan Annelere
- Mahkûm Annelere

Prof. Dr. | **Pedagog**
Sefa Saygılı | Ali Çankırılı

zafer
YAYINLARI

içindekiler

1. Bölüm: Ailede Rol Paylaşımı ve Kadının Annelik Rolü

Giriş 13

Çocuğun Kişilik Gelişiminde Anne Sütünün ve Anne - Çocuk Beraberliğinin Önemi 16

Anne Sütü En Doğal, En Besleyici ve En Taze Besindir 18

Anne Sütü, Anne Sevgisi ve Anne Kokusu 24

Çocuk Neden Kendi Yatağında Uyumak İstemez? 26

Çocuk İçin Uykunun Önemi 27

Kucak Çocuğu Yalnız Kalmayı Öğrenemez 29

Çocuğun Oyununa Gelmeyin 31

Çocuğu Kendi Odasında Yatmaya Nasıl İkna Etmeli? 33

Çocuğunu Anaokuluna Götürürken Korkan, Çocuk Değildir, Annedir 36

Anneye Bağımlı Çocuklarda Öğretilmiş Çaresizlik 37

Anneden ve Topraktan Yoksun Büyüyen Çocuklar 41

Doğa Yoksunluğu Sendromu 42

Ahlâki Değerler ve Davranışlar Ailede Yaşanarak Kazanılır 43

Davranışlara Yansımayan Bilginin Bir Faydası Yoktur 44

Temel Değerleri Kazandırmada Annenin Rolü 45

Nimetin Gerçek Sahibini Tanımak 46

Nimete Şükür Oyunu 47

Allah'ın İktisat Kanunları Bütün İnsanlar İçin Geçerlidir 50

Çekirdek Ailede Çocuk Eğitimi Sorunu 52

2. Bölüm: Çocuk Eğitimi Açısından Çalışan Anneler

Kadının Çalışma Hayatına Atılışı, Sebep ve Sonuçları 59

Evde Aktif Olan Anne İşte Lider Olmak İstemiyor 65
Çalışan Anne İş ve Aile Hayatı Arasındaki Dengeyi Sağlamakta Zorlanıyor 66
İşverenler Çalışan Anneler İçin Neler Yapabilir? 67
Çalışan Kadının En Büyük Korkusu 69
Bakıcıya Karar Verildiğinde 73
Çocuk İçin Uygun Olmayan Yol ve Yöntemler 76
Bebeksi Konuşmakta Israr Eden Çocuk 78
Çocuğun Sosyalleşmesinde Anaokulunun Katkısı 82
Ergen Çocuk ve Çalışan Anne 85
Evden Kaçan Liseli Genç. 86
Çalışan Anne Psikolojisi. 88
Çalışan Annede Endişe ve Suçluluk Duygusu. 90
Çalışan Anne İş ve Aile Arasındaki Dengeyi Sağlayabilir mi?. 91
Annelerde Öfke Kontrolü 93
Annelerde Tahammül Sınırını Zorlayan ve Öfkelendiren Etkenler 95
Öfke Kontrolü Öfkeyi Tanımakla Başlar. 97
Öfke Ne Değildir? - Öfke İle Başa Çıkma Yolları. 98
Öfke Anında İnsan İki Şekilde Tepki Verir Kaç ya da Savaş 101
Gerçekte Kötü Duygu Yoktur 102
Sen Değişirsen O da Değişir - Çinli Gelinin Hikâyesi 104
Öğretim Üyesi Annenin Çocuğu. 108
Öfkeye Yol Açan Kızgın Halkalar. 125
Novaco Modeli 126
İnsana Verdiğin Değer Kendine Verdiğin Değer Kadardır. 127
Her Şey Beyinde Başlar ve Şekillenir 128
Anneden Ayrılma, Anneyi Kaybetme Korkusu 131

Bebeklerde Obje Devamlılığı Düşüncesi........................ 132
Anne İşe Gizlice Kaçarak Gitmemeli........................... 134
Anne-Çocuk Beraberliği ve Güven Duygusu..................... 135
Anne Bakıcıyı Kıskanmamalı ve Rakip Olarak Görmemeli......... 136
Çalışan Anne Çocuğunun Huysuzluğunu ve İnatçılığını Doğru Okumalı 138
Bakıcısına "Anne" Diyen Çocuk................................ 141
İhtiyaçları Doyurulmamış Çocuk Hırçın ve Huysuz Olur........... 146
Annenin Çocuğuna Ayırdığı Zamanın Süresi Değil, Kalitesi Önemlidir... 148

3. Bölüm Parçalanmış Ailelerde Çocuk Eğitimi Sorunu

Dağılmış Ailede Mutsuz Çocuklar.............................. 155
Geçimsiz Eşler ve Arada Kalan Çocuklar........................ 156
Boşanan Eşlerde Olumsuz Davranışlar.......................... 158
Çocuk Boşanma Olayını Kabullenemez.......................... 160
Boşanan Eşleri Bekleyen Yeni Sıkıntılar........................ 162
Boşanmada Çocuk Kimde Kalır?................................ 164
Boşanmalarda Ekonomik Bağımsızlığın ve Annelerin Payı........ 165
Çocuğunuzu Kendinize Dert Ortağı Yapmayın.................... 167
Aile İçinde Kadına Yönelik Şiddet.............................. 169
Üvey Annelerde Çocuk Eğitimi Sorunu.......................... 172
Üvey Anne Gerçekçi Olmalıdır................................. 175
Üvey Anne, Çocukların Duygularını Anlamaya Çalışmalıdır........ 177
Üvey Çocuk, Eğitimi En Zor Çocuktur.......................... 179
Mahkûm Annelerde Çocuk Eğitimi Sorunu - Çocukta Korku ve Öfke Duyguları... 181
Anneden Ayrılmanın Çocuk Üzerinde Etkileri..................... 183
Annesini Merak Eden Çocuk.................................... 186

Prof. Dr. Sefa SAYGILI: 1956 yılında İskenderun' da doğdu. İlköğretim ve lise tahsilini memleketinde tamamladı. İstanbul Tıp Fakültesi'nden 1 980'de doktor olarak mezun oldu. Aynı fakültenin psikiyatri kliniğinde uzmanlık eğitimine başladı ve 1984 yılında psikiyatri uzmanı unvanını aldı. KKTC Girne'deki yedek subaylık görevinden sonra Bakırköy Ruh ve Sinir Hastalıkları Hastanesi'nde çalışmaya başladı.

1991 yılında İstanbul Tıp Fakültesinde girdiği sınavla psikiyatri doçenti oldu. 1992-2010 yılları arasında Vakıf Gureba Hastanesinde psikiyatri klinik şefi olarak çalıştı. Kırklareli Üniversitesi öğretim üyesi olan Profesör Saygılı, 1989 yılında seçildiği Yeşilay Genel Başkan Yardımcılığı görevini de sürdürmektedir. Evli, 2 çocuk babasıdır.

Yayınlanan kitapları: Doktorunuz Diyor ki, Dengeli Beslenme Sağlıklı Zayıflama, Sağlık Bilinci, Ayhan Songar, Mazhar Osman, Evlilikte Mutluluk Sanatı, Gerçeği Arayanlar, Dünyayı Aldatanlar, Strese Son, Beyin ve Ruh, Mutluluk Elimizde, Baba Olma Sanatı, Anne Olma Sanatı, Gıda Rehberi, Sağlığımı Koruyorum, Panik Bozukluk, Yaşlılık Psikolojisi, Dr. Knock veya Tıbbın Zaferi.

sefasaygili@hotmail.com

Pedagog Ali ÇANKIRILI: 1947 yılında Çankırı'da doğdu. İlk ve ortaokulu Çankırı'da, Liseyi Üsküdar Fen Lisesinde bitirdi. Gazi Üniversitesi İngiliz Dili ve Edebiyatı bölümünden mezun olduktan sonra bir hocasının tavsiyesi üzerine psikoloji bölümüne devam etti ve mezun olduktan sonra Amerika'da Alabama Üniversitesi'nde Çocuk Psikolojisi ve Davranışları alanında pedagoji mastırı yaptı. Başarılı çalışmalarından dolayı kendisine Onursal Amerikan Vatandaşlığı belgesi verildi. Yurda döndükten sonra değişik kamu ve özel eğitim kurumlarında görev aldı, 1990 yılında kendi isteği ile emekli oldu.

Gazete ve dergilere çocuk eğitimi ve psikolojisi alanında makaleler yazan, Anne baba okullarında ders veren, yurt içinde ve yurt dışında seminerlere katılan Ali Çankırılı'nın Batı klasiklerinden yaptığı çevirileri ve telif eserleri bulunmaktadır. Evli, 2 çocuk babasıdır. Torun Sevme Rehberi kitabının kahramanı Zeynep Zeren'in dedesidir.

Yazdığı Kitaplar: Çocuklarımız Mutsuz ve Başarısız Olmasın, Benim Sağlıklı Bebeğim, Kötü Çocuk Yoktur, Çocuğun Manevi Eğitimi, Oynuyorum Öğreniyorum, Okul Ailede Başlar, Anne Ben Nerden Geldim, Eve Kardeş Geldi, Çocuklara Söz Geçirme Sanatı, Çocuk Resimlerinin Dili, Evlilik Okulu. Ana Baba Okulu, Baba Olma Sanatı, Anne Olma Sanatı, Torun Sevme Rehberi.

alicankirili@gmail.com

1. Bölüm

AİLEDE ROL PAYLAŞIMI ve KADININ ANNELİK ROLÜ

Giriş

İNANCIMIZA GÖRE Allah'ın bütün isimleri insanda tecelli etmektedir. Ancak üstlendikleri görevin ve sorumluluğun gereği olarak bazı insanlarda bazı isimle daha baskındır. Bu itibarla annelerde "Rahim" ismi, babalarda "Rab" ismi daha baskındır. Allah nasıl Rahim isminin gereği olarak hiçbir canlıyı ayırmayarak nimetleriyle rızıklandırıyor. Anneler de kendilerinde tecelli eden Rahim isminin gereği olarak, çocuklarına hizmet ederken ve ihtiyaçlarını giderirken hiç karşılık beklemezler. Kendileri yemez yedirir, giymez giydirir, uykularını feda ederler. Yeri geldiğinde onların hayatını korumak için kendi hayatlarını feda ederler. Bir tavuk, civcivini korumak için ona zarar vermeye gelen tilkinin üzerine kahramanca atılır. Anneler koruma içgüdüsüyle çocuğun davranışlarına sınır koymaktan kaçınır, her isteğini yerine getirerek şımartama eğilimindedirler. "Elimi bırakma düşersin, koşma terlersin, sen yiyemezsin ben yedireyim, sen giyemezsin ben giydireyim" diyerek onları yapabileceği işlerde bile yardıma alıştırırlar.

Ailedeki işbölümü gereği babada Rab ismi baskındır. Allah nasıl Rab ismiyle canlı cansız bütün yarattıklarına (âlemlere) koyduğu fıtrat kanunlarıyla emrine itaat ettiriyorsa, baba da çocuğun davranışlarına sınır koyarak, emrine itaat ettirerek annenin eksik bıraktığı disiplini tamamlamaktadır. Bu itibarla annelerde sevgi, koruma ve hizmet duyguları; babalarda irade, kararlılık ve kuralcılık duyguları daha ön plandadır.

Allah, çocuğu bir anne ve bir babanın bakımı ve terbiyesi altında yetişecek şekilde yaratmış. Üstlendikleri roller itibariyle annenin yerini baba, babanın yerini anne dolduramaz. Roller karıştığında evin düzeni de bozulmaktadır. Babanın silik ve yumuşak, annenin baskın ve sert olduğu ailelerde çocuklar cinsiyetlerine uygun bir kişilik kazanamazlar.

Çocuğun kişiliğinde annenin payı daha büyüktür. Çünkü onu dokuz ay karnında taşımış, canıyla kanıyla beslemektedir. Son araştırmalar çocukta sadece fiziksel gelişiminin değil, ruhsal gelişiminin de ana rahminde başladığını göstermektedir. Çocuğun temel kişiliği büyük oranda okul öncesinde, yani 6 yaşına kadar, anneden aldığı terbiyenin şekline ve kalitesine bağlı olarak gelişmektedir. Çocuk sevgi, saygı, merhamet, yardımlaşma, paylaşma temizlik, tutumluluk, çalışkanlık gibi temel duygu ve davranışları anneden öğrenmektedir. Üstat Bediüzzaman bu gerçeği kendi üslubuyla şöyle anlatır:

"Evet, insanın en birinci üstadı ve tesirli muallimi, onun validesidir. Bu münasebetle, ben kendi şahsımda kat'î ve daima hissettiğim bu mânâyı beyan ediyorum:Ben bu seksen sene ömrümde, seksen bin zatlardan ders aldığım halde, kasem (yemin) ediyorum ki, en esaslı ve sarsılmaz ve her vakit bana dersini tazeler gibi, merhum validemden aldığım telkinat (telkinler) ve mânevî derslerdir ki, o dersler fıtratımda (kişiliğimde), adeta maddî vücudumda çekirdekler hükmünde yerleşmiş. Sair derslerimin o çekirdekler üzerine bina edildiğini aynen görüyorum. Demek, bir yaşımdaki fıtratıma ve ruhuma merhum validemin ders ve telkinâtını, şimdi bu seksen yaşımdaki gördüğüm büyük hakikatler içinde birer çekirdek-i esasiye (asıl çekirdek) müşahede ediyorum.

Ezcümle: *Meslek ve meşrebimin dört esasından en mühimi olan şefkat etmek ve Risale-i Nur'un da en büyük hakikati olan acımak ve merhamet etmeyi, o validemin şefkatli fiil ve halinden ve o mânevî derslerinden aldığımı yakînen görüyorum"*

Çocuğun Kişilik Gelişiminde Anne Sütünün ve Anne - Çocuk Beraberliğinin Önemi

Emzirme sadece bebeğin değil, annenin de beden ve ruh sağlığı için çok önemlidir. Bütün memeli canlılar doğurduktan sonra yavrusunu emzirmeye başlamaktadır. Ancak insan anneler için durum biraz farklıdır. İnsan annelerde yavrusunu emzirme veya emzirmeme iradesi olduğu için bazı anneler psikolojik ve fizyolojik (göğüs estetiği) sebebiyle yavrusunu emzirmek istememekte, yapay sütlerle beslemeyi tercih etmektedir.

Bebeğini emzirmek istemeyen annelerde fizyolojik sebeplerden çok psikolojik sebepler daha baskındır. Eşiyle ve eşinin ailesiyle kavgalı ve geçimsiz, baskı altında, psikolojik sorunlar yaşayan bir kadın gebe kalmak ve sevmediği erkeğin yavrusunu doğurmak istemez. Gebe kaldığını öğrendiği gün mutsuz olur. Düşük ve kürtaj yoluyla ondan kurtulmanın çarelerini arar. Bunda başarılı olamadığı ya da vicdanı el vermediği zaman doğurmak zorunda kalır. Biz bu annenin bebeğine "istenmeyen bebek" diyoruz.

Embriyo üzerinde yapılan son araştırmalar, anne karnındaki embriyonun özellikle dördüncü aydan itibaren (fetüs döneminde) annesi tarafından istenip istenmediğini ve sevilip sevilmediğini hissetmektedir. İstenen ve sevilen bir embriyo yaşıtlarına göre fiziksel ve ruhsal yönden daha sağlıklı bir gelişme göstermektedir. Ancak istenmeyen ve sevilmeyen embriyo yaşıtlarına göre fiziksel ve ruhsal yönden geri kalmaktadır.

Yine son araştırma verilerine göre bebeğini isteyen ve istemeyen annenin beyni farklı çalışmaktadır. Bebeğini isteyen annenin beyni, bu isteğe bağlı olarak, sevgi ve şefkat hormonları (oksitosin, serotonin ve melatonin) salgılamakta, kana karışan bu hormonlar annede bebeğine karşı yoğun bir sevgi ve şefkat hissi uyandırıyor. Bebeğini istemeyen annenin beyni, bu isteğe bağlı olarak çalışmakta, sevgi ve şefkat hormonları salgılamamaktadır. Kanında sevgi ve şefkat hormonları bulunmayan bir anne adayı bebeğine karşı sevgi ve şefkat duymamakta, doğurmak istememekte, doğurduktan sonra ondan kurtulmanın yollarını aramakta, kimi zaman hastanende bırakıp kaçmakta, kimi zaman üç günlük bebeğini bir cami kapısına bırakıp kaçmaktadır.

Bazen yeni doğurduğu bebeğini çöp kutusuna atan anneler olduğunu görüyor ve duyuyoruz. Vahşi hayvanlar bile yavrularına karşı şefkatli iken, kendileri yemeyip onlara yedirirken, canları pahasına onları tehlikelerden korurken, insan olan, kalp ve ruh taşıyan bir anne yeni doğurduğu yavrusunu nasıl çöp tenekesine atmakta, arkasına bakmadan kaçıp gidebilmektedir. Atabilmektedir, çünkü bebeğine karşı sevgi ve şefkat duymamaktadır.

Anne Sütü
En Doğal, En Besleyici ve En Taze Besindir

Bebeklerin doğal gelişimini sağlayan en uygun besin anne sütüdür. İçeriği sabit olmayan anne sütü, bebeğin yaşına ve fizyolojik durumuna uygun bir değişim gösterir. Bir başka ifadeyle her annenin sütü kendi bebeği için en uygun olan besin maddelerini içerir. Anne sütünün alternatifi (onun yerine geçecek) bir besin maddesi yoktur. Acıbadem Hastanesi Çocuk Sağlığı ve Hastalıkları Uzmanı Prof. Dr. Sevin Ergin Özdeniz, doğum için hazırlık yapan bütün anne adaylarına anne sütünün öneminin anlatılması ve tıbbi bir engel bulunmadığı sürece bebeklerini mutlaka kendi sütleriyle emzirmeleri gerektiğini ifade etmektedir. Her gebe kadının vücudunda, hamilelik süresinde bebeğini emzirebilmesi için gerekli değişimler olmaktadır. Bu yüzden her anne emzirme yeteneğine sahiptir. Emzirme için bir eğitim alması gerekmemektedir. Bununla birlikte dikkat etmesi gereken birkaç husus bulunmaktadır. Bunları şöyle sıralayabiliriz:

➜ Loğusalık döneminde sütün bol bir şekilde gelmesi için anne, bebeğini sık emzirmeli ve bol miktarda sıvı tüketmelidir.

➜ Memelerin süt üretmesi ve pasif kalmaması için anne

emzirmede her iki göğsü de kullanmalıdır.

➜ Emzirmede en rahat pozisyon seçilmeli ve bebeğin başı ve gövdesi tam olarak anneye dönük olmalıdır.

➜ Emzirme meme başından değil, meme başı çevresindeki koyu renkli kısmı kaplayacak şekilde yaptırılmalıdır.

➜ Göğüs temizliğinde ıslak bez kullanılmalı, sık sık sabun kullanılmasından kaçınılmalıdır.

➜ Bebekler doğduklarında hayatlarının ilk 4 gününde kendilerine yetecek kadar vücutlarında yedek su ile birlikte doğarlar. Bu nedenle anne sütü bollaşana kadar dışardan su veya diğer içeceklerin verilmesine gerek yoktur.

➜ Anne sütü bebeğin ihtiyacı olan bütün besinleri içerdiğinden 6 ay boyunca ek gıdaya hatta suya dahi ihtiyacı yoktur. Yeterince beslenemediği endişesiyle gereksiz yere verilen yapay sütler ve mamalar bebeği tembelliğe alıştırarak kısa sürede memeyi bırakmasına neden olabilir. Zira meme emme bir çaba ve emek gerektirmektedir.

Anne sütünün saymakla bitmeyen özelliklerini de kısaca şöyle sıralayabiliriz:

➜ Emzirme ile salgılanan oksitosin hormonu rahmin kasılmasını sağlarken açık olan kan damarlarının da kapanmasına yardımcı olur ve bu sayede doğum sonrası kanamalar azalır.

➜ Hamileliği sevinçle karşılayan ve bebeğini isteyen annelerin beyni sevgi ve şefkat hormonu olan oksitosin salgılamakta, bu hormon doğumdan sonra da işlevini devam ettirmekte, doğumda genişleyen rahim ağzının toparlanmasına yardımcı olmakta, emme sırasında sütün memelerden dışarı atılmasını sağlamaktadır.

➜ Anne sütü hastalıklardan koruyucudur. Anne sütü ile beslenen bebeklerde ishal ve solunum sistemi hastalıkları çok daha az görülmektedir. Annenin ilk 4-5 günlük sütü olan ve halk arasında "ağız sütü" olarak isimlendirilen koyu kıvamlı süt (kolostrum) çok değerli olup besleyiciliğinin yanı sıra bebeğin ilk aşısı gibidir.

➜ Yapılan çalışmalarda çocukluk döneminde anne sütü yerine fazla miktarda inek sütü içen kişilerde bu süte karşı antikorların yüksek olduğu ve bu durumun da insüline bağımlı diabet riskini artırdığı bulunmuştur.

➜ Hiçbir sebep olmadan bebeklerin aniden ölümü "ani bebek ölümü sendromu" olarak adlandırılır. Mama ile beslenen bebeklerde bu risk daha yüksek bulunmuştur.

➜ Anne sütü bebek için doğal bir sakinleştiricidir. Anne sütünün içerdiği bazı kimyasal maddeler bebeğin daha kolay uykuya dalmasına yardımcı olmaktadır.

➜ Anne sütü içerisinde bulunan "endorfinler" bebek için doğal bir ağrı kesici görevi yapmaktadır.

➜ Emzirme annede ileride kemik erimesi riskini azaltır.

Bulgular emzirmeyen kadınlarda kemik erimesinin 4 kat fazla görüldüğünü ortaya koymaktadır.

➜ Bebeğini emziren anneler kendilerini daha değerli ve vicdanen daha rahat hissetmektedir.

➜ Anne sütünün sindirilmesi daha kolaydır. Bebekler annelerinin sütünü diğer memeli hayvanların sütüne göre daha rahat sindirebilir. Bunun nedeni anne sütünün içerdiği türe özgü bir enzimdir. İnek sütünde daha fazla protein olmasına rağmen sindirimi daha zordur ve bebekler bu proteinlerin tamamını kullanamazlar.

➜ Araştırmalar bebekliklerinde anne sütü ile beslenen çocukların mama ile beslenenlere göre daha zeki olduklarını ve okul başarılarının daha yüksek olduğunu göstermektedir.

➜ Araştırmalarda mama ile beslenen kız bebeklerin ileride meme kanseri olma riski anne sütü emenlere göre 4 kat daha fazla olduğunu göstermektedir.

➜ Anne Sütü, başta sindirim ve solunum sistemi olmak üzere birçok organ sisteminin gelişmesini düzenleyen büyüme faktörleri içermektedir.

➜ Bebeği alerjik hastalıklara, reaksiyonlara, ishale, bakteriyel menenjit ve kulak enfeksiyonuna karşı korumaktadır.

➜ Emzirme ciddi bir barsak rahatsızlığı olan crohn hastalığına karşı koruyucudur.

➜ Bebekler bağırsaklarında "mekonyum" adı verilen

koyu kıvamlı yapışkan bir madde ile doğarlar. Anne sütü mekonyumun barsaklardan atılmasını kolaylaştırmaktadır.

➔ Bebeği bulaşıcı, ateşli hastalıklara karşı koruyan faktörlere sahiptir. Anne sütü ile beslenen bebekler grip, orta kulak iltihabı gibi enfeksiyonlara daha az sıklıkla yakalanmaktadır.

➔ Antikorlar içerdiğinden aşıların koruyuculuk özelliğine katkıda bulunmaktadır.

➔ Anne sütü ile beslenen çocuklar ileri yaşlarda obezite, kalp hastalıkları, hipertansiyon ve kanser gibi yaygın hastalıklara karşı korunmaktadır.

➔ Bebeğini emziren anneler yumurtalık ve meme kanserine daha az yakalanmaktadır.

Emziren anneler günde 500 kalori fazla harcadıkları için emme sayesinde kilo vermeleri kolaylaşır.

➔ Anne sütü bebek ve anne arasında güçlü bir duygusal bağ oluşmasını sağlamakta; bebek anneye güvenmekte ve bağlanmaktadır. Anneye güvenme ve bağlanma o kadar önemlidir ki, babaya güven, insanlara güven, Allah'a güven ve bağlanma duygularının temelinde anneye güven duygusu bulunmaktadır.

Bu üstün özelliklerinden dolayı yabancı uzmanlar anne sütüne "white miracle" (beyaz mucize) adını vermektedir. Bir anne için bebeği emzirmek tıpkı onu dünyaya getirmek kadar doğal davranış. Burada önemli olan annenin emzirmeyi gerçekten istemesi ve kendini psikolojik olarak buna hazır hissetmesi. Anne ne kadar huzurlu ve mutlu olursa o kadar çok ve sağlıklı miktarda süt üretebiliyor.

İlk defa çocuk sahibi olacak anneler doğumdan sonra ne zaman bebeklerini emzirmeye başlayacaklarını hep merak ederler ve doğumdan önce doktora veya hemşireye sorarlar. Uzmanlar anne bebeğini doğurduktan sonra bir saat içinde kucaklarına almaları ve emzirmeye başlamaları gerektiğini söylüyorlar. Son senelerde bu amaçla doğumdan hemen sonra bebekler annelerinin odasına alınıyor. Bebeğini kucağına alan anne ile bebek arasında ruhsal ve duygusal bir bağ oluşuyor, böylece annede bebeğini emzirmek için güçlü bir istek doğuyor.

Anneler, tıbbi bir engel olmadığı sürece, bebeklerini kendi sütleriyle beslemeli, biberona alıştırmamalıdır. Biberonun tutuş şekli ve kokusu ile anne memesinin duruş şekli ve kokusu farklı olduğu için biberonla beslenen bebekler "meme başlığı şaşkınlığı" adını verdiğimiz uyumsuzluk sebebiyle anne memesine yabancılaşıyor, emmeyi reddedebiliyor.

Emme refleksinin devam etmesi ve çene kaşlarının gelişmesi için bebeğin doğumdan itibaren anne sütü ile beslenmesi gerekiyor. Anne sütü yettiği sürece bebeğe ilk 6 ay boyunca anne sütünün dışında yapay mama, ek besin ve bitki çayları, hatta su bile verilmemeli. Çalışan anneler doğum izni olarak ilk 6 ayı bebeğiyle birlikte geçireceği için emzirme konusunda bir sorun yaşanmayacaktır.

Anne Sütü, Anne Sevgisi ve Anne Kokusu

Çalışan annelerin en sık karşılaştıkları sorunların başında doğum izninden sonra işe başladığında bebeğini emzirme gelmektedir. İşyeri ile evin uzak oluşu, Patronun/müdürün anneye emzirme izni vermemesi, işyerinin çalışan anneler için kreş açmaması gibi olumsuz şartlar nedeniyle bebekler gündüz anne sütü alma hakkından mahrum kalmaktadır. Bu durumda anneler akşamdan veya sabahtan bir pompa ile memelerindeki sütü cam bir kavanoza sağarak buzdolabına koymalı, bakıcı gündüz saatlerinde bu sütü bebeğe içirmelidir. İşten döndüğünde annenin ilk işi bebeğini emzirmek olmalıdır. Anne sütü sadece bebeğin beslenmesi için değil, ruhsal sağlığı için de çok önemlidir. Anne en az altı ay bebeğini emzirmeli, yapay sütlere geçmede acele etmemelidir. Altı ayın sonunda sütü yeterli ise, ek besinlere geçmekle birlikte emzirmeye devam etmelidir.

Anne sütü, anne sevgisi ve annenin ten kokusu, güven duygusunun gelişiminde yerlerini başka şeylerin dolduramayacağı temel ihtiyaçlardır. Anne sevgisinin olmadığı yerde anne sütü de yarayışlı olmamaktadır. Öyle ki bazen bebek bilinçli olarak anneyi emmeyi reddetmektedir. Anne sütünü emmeyi reddeden bir vaka incelemesinde karşımıza çok ilginç ve bir o kadar da dramatik bir hikâye çıktı. Anne hamile olduğunu öğrendiği anda kendisini mutsuz hissettiğini, çocuğu doğurmak istemediğini, düşük veya kürtajla ondan kurtulma çareleri aradığını, ancak vicdanı el vermediği için doğurmak zorunda kaldığını itiraf etti.

Anneye ana rahmindeki embriyonun annesi tarafından istenip istenmediğini, sevilip sevilmediğini hissettiğini ve bunu bilinçaltına kaydettiğini, meme emmeyi bu yüzden reddedebileceğini anlattık. Anneye bebeğine sarılmasını, ona sevdiğini söylemesini, daha önceki düşüncelerinden dolayı çok üzgün olduğunu dile getirmesini, büyük ihtimalle bunun işe yarayabileceğini, ama bunun için biraz sabretmesi gerektiğini, sevgisini göstermeye devam etmesini, sütünün kesilmemesi için pompa ile boşaltmasını tavsiye ettik. Anne iki hafta sonra bizi telefonla arayarak bebeğinin emmeye başladığını, bebeğinin de kendisinin de çok mutlu olduğunu söyledi.

Çocuk psikoloğuna gelen bir vakada bebek doğumun ardından 40 gün süreyle anneyi emdiği halde, bir sabah emmeyi de anneyi de reddediyor. Anne bebeği hastaneye getiriyor, yapılan tetkiklerde fiziksel bir rahatsızlığa rastlanmıyor. Yapılan vaka analizinde annenin doğumdan 40 gün sonra ilk defa parfüm kullandığı anlaşılıyor. Psikolog annenin ten kokusuna alışık olan bebeğin parfüm kokusuna tepki olarak meme emmeyi reddedebileceğini düşünüyor. Anneye göğüslerini yıkayarak parfüm kokusunu gidermesini söylüyor. Parfüm kokusu gittikten sonra bebek annesini tekrar emmeye başlıyor.

Çocuk Neden Kendi Yatağında Uyumak İstemez?

Anne baba okulunda ders verirken, özellikle annelerden, sıklıkla duyduğum bir söz var: "Hocam, maalesef ilk çocuk acemiliğe geldi." Çocuk gelişimi ve psikolojisi hakkında yeterince bilgi sahibi olmayan anne babalar, genellikle "deneme-yanılma" yoluyla ve anne babadan gördükleri gibi çocuk yetiştiriyorlar. Deneme-yanılma yoluyla çocuk yetiştiren anne babalar, birinci çocukta yaptıkları hataları yapmamaya çalışır, daha dikkatli davranırlar. Ancak, anne ve babadan gördükleri gibi çocuk yetiştirdikleri için, doğru zannederek, anne babalarının hatalarını tekrar eder, yaptıkları hataların farkına varamazlar. Kendilerini savunurken: "Biz annemizden böyle gördük, biz babamızdan böyle gördük" derler.

Çocuk İçin Uykunun Önemi

Anne sütünden sonra bebekler için en önemli ihtiyaç uykudur. Uyku sırasında büyüme hormonları daha yoğun salgılanır. Uykusunu alan bebek daha sakin ve daha neşeli olur. Çeşitli sebeplerle yeterli uyku alamayan bebekler sinirli ve gergin olduklarından sakinleşmeleri zordur.

Ana rahmindeki bebek, birkaç saat uyanık kalmanın dışında, bütün zamanını uyuyarak geçirir. Uykuda enerji tüketimi daha az olduğundan büyüme daha hızlıdır. Yeni doğan bir bebek, ana rahmindeki alışkanlığını devam ettirerek, 24 saatin 18 saatini uykuda geçirir. Yani neredeyse süt emme saatlerinin dışındaki tüm zamanını uyuyarak geçirir. Altı aylık olduğunda uyku ihtiyacı 12 saate kadar düşebilir. Bunun en az 8 saatini gece uykusu alacaktır.

Bebekler, doğumdan itibaren 4 ay boyunca anne sütünden başka bir gıdaya ihtiyaç duymazlar. Eğer ishal ve yüksek ateş gibi sıvı kaybına yol açan bir rahatsızlığı yoksa, suya da ihtiyaç duymazlar. Anne sütü, bebeğin ihtiyacı olan tüm besinleri ve koruyucu maddeleri (antikorları) içermekle beraber bebeğin suya ihtiyacı olduğu durumlarda, tedbir olarak, kaynatmadan içirilmemelidir.

Meme vermenin belli saatleri yoktur. Bebeğin acıktığı ve uyanıp meme istediği saatler, örneğin 3-4 saatte bir, doğru saatlerdir. İlk günlerde gelen anne sütü koyu olup çok besleyicidir. Bebek istedikçe anne fırsatı değerlendirmeli, emzirerek bu sütten yararlanmasını sağlamalıdır. Anne sütünün azalmasının ve kesilmesinin birinci sebebi seyrek emzirmedir. Süt salgısının artması için sık emzirmek şarttır. Herhangi bir sebeple bebeğin emmediği durumlarda, göğüste süt birikimi olacağından, biriken sütün pompa ile alınması gerekir.

Doktor tarafından teşhis edilmiş bir hastalığı olmadığı sürece bütün annelerin sütü yarayışlıdır. "Benim sütüm bebeğime yaramıyor" endişesine kapılıp erkenden ek mamaya geçmenin gereği yoktur. Tüm annelerin sütü yararlıdır. Yeni bebek sahibi olan annelerin en çok merak ettikleri şey, sütünün yetip yetmediğidir. Endişeli anneler, bebek her ağladığında "acıkmış olmalı" düşüncesiyle kucağa alır, ağzına meme tıkıştırırlar. Ağlamanın sebebi acıkmak olmadığı halde kucağa alınan ve ağzına meme verilen bebekler bunu bir oyun ve alışkanlık haline getirebilir.

Her ağlamanın sebebi acıkmak değildir. Ağlamanın birçok değişik sebebi vardır. Bebekler meme emerken sütle birlikte hava aldıklarından, bu hava midede ve bağırsaklarda birikerek gaz yapabilir. Anneler, bebeği emzirdikten sonra yüz üstü omuzlarına yatırıp sırtını sıvazlayarak gazını çıkarmalıdır. Ağlama sebepleri arasında altının kirlenmesi, kulak ağrısı, pişikler ve diş çıkarma sayılabilir. Bebekler sıcağa ve soğuğa karşı duyarlıdır. Bebeklerde henüz terleme başlamadığından soğuk hava kadar sıcak hava da rahatsızlık vererek ağlamasına yol açabilir. Bunların dışındaki ağlama sebepleri genellikle ailenin hatalı tutumundan kaynaklanmaktadır.

Kucak Çocuğu Yalnız Kalmayı Öğrenemez

Çocuklarda 8. aya kadar maddenin devamlılığı düşüncesi oluşmaz. Bir nesne gözünün önünde iken var, görüş alanından çıkınca yok demektir. Annesi tarafından emzirilen, altı temizlenen ve uykuya yatırılan bir bebek uykusunu alıp uyandığında anneyi arar. Göremediği zaman "anne yok" duygusu yaşar ve ağlamaya başlar. Anne bebeğin ağlama sesini duyunca yanına gelir, annesini başı ucunda görünce sevinir. Bebek her ağladığında anne yanına gelince bebek iki şey öğrenir. Bir: Annem varmış, ben yalnız ve korumasız değilim. İki: Ağlama işe yarıyor, her ağladığımda annem veya aile büyüklerinden biri yanıma geliyor, kucağına alıyor, yalnız kalmıyorum, canım sıkılmıyor.

Duyarlı anneler bebeğin ağlama şeklinden acıktığını, altı ıslandığını, bir rahatsızlığı olduğunu ya da canı sıkıldığını anlar. Eğer karnı tok, altı kuru, gaz veya orta kulak iltihabı gibi bebeklerde sık yaşanan bir rahatsızlığı yok ise, anneyi başına getirme ve onunla birlikte olma amacıyla ağlama numarası yapıyorsa, anne hemen bebeğin yanına gitmemeli, bir süre beklemelidir. Bebek bir süre daha ağlama numarası yaptıktan sonra, kimsenin gelmediğini anlayınca (sanki "gelen giden yok ben boş yere çenemi yoruyorum" diye düşünüp) susacaktır.

Çocuklarda bağımsız kişiliğin temelinde yalnız kalmayı öğrenme vardır. Yalnız kalmayı, bir süre oyuncaklarıyla oynayarak kendi kendini avutmayı öğrenemeyen çocuklar anneye bağımlı hale gelir, yalnız kaldıklarından anneyi kaybedecekleri korkusu yaşarlar. Aşırı sevilen ve kucaktan indirilmeyen bebekler yalnız kalmaya alışamazlar. Hâlbuki her insan gibi, bebeğin de yalnız kalmaya ihtiyacı vardır ve yalnız kalmaya alışmalıdır. Ancak çoğu aileler bebeğin yalnız kalmaya ihtiyacı olduğunu bilmez. Anneanne, babaanne, dede, hala, teyze, amca, dayı gibi aile büyüklerinin ve yakın akrabaların birlikte oturduğu evlerde bebekler kucaktan indirilmez.

Aşırı koruyucu anne babalar bebeği kendi odalarında yatırır, hatta kendi yataklarına alırlar. Bu ailelere bebeği anne baba ile aynı odada ve aynı yatakta yatırmanın sakıncalı ve aile mahremiyetine aykırı olduğu söylendiğinde anlamakta zorluk çekerler. "O daha küçücük bir bebek, neden sakıncalı olsun ki!" derler ve şu savunmada bulunurlar: "Biraz büyüyünce odasını ayırırız." Ancak biraz büyüdüğünde odasını ayırmanın kolay olmadığını anladıklarında iş işten geçmiş olur.

Bebeği kendi yatak odalarında veya kendi yataklarında yatıran anne babalar her zaman için bunu aşırı sevgi, şefkat ve koruma duygusu ile yapmazlar. Birkaç odalı evlerde oturan kalabalık ailelerde bebeğe bir oda ayırmak mümkün olmadığından beşiğini kendi yatak odalarına koymaktan başka çare yoktur. Yine sobalı evlerde, ekonomik durum kışın her odaya bir soba kurmaya yetmez. Ekonomik durumları müsait olsa zaten kaloriferli bir evde oturmayı tercih edeceklerdir. Bu ailelerde durum müsait olduğunda bebeğin odasını ayırmak çok zor olmayacaktır.

En ideali, bebek doğduğu günden itibaren odasını ayırmaktır. Bebeğin uyandığını ve ağladığını duyamayacağı endişesi ile bebeği odalarında yatıran anne babalar için imal edilmiş radyo verici setleri var. Bunlardan bir tane satın alınıp vericisi bebeğin başucuna, alıcısı anne babanın yatak odasına asılabilir. Bebek ağladığında anne baba sesini duyup ağlama şekline göre hareket edebilir.

Çocuğun Oyununa Gelmeyin

Son araştırmalar bebeğin daha ana rahminde iken öğrenmeye başladığını göstermektedir. Bebeği yatak odalarına alan anne babalar onun daha bir şeyden anlamayan küçük bir canlı olduğunu düşünür; böyle düşündükleri için bebeğin oyununa geldiklerini anlayamazlar. Bu sebepledir ki, karnı tok, altı kuru, fiziksel bir rahatsızlığı da olmadığı halde bebeğin ağlamasına bir anlam veremezler.

Aşırı sevgi ve koruma içgüdüsüyle kucaktan indirilmeyen, ayakta sallayarak uyutulan bir bebek uyandığında kendisini yalnız hisseder. Başta anne olmak üzere yakınlık gösterenleri yanına çağırmak ve kendisiyle meşgul etmek için ağlar. Birkaç denemeden sonra ağladığında annenin koşarak yanına geldiğini, ağlamanın sebebini bulmaya çalıştığını, beşiğini salladığını, kucağına aldığını, severek sakinleştirmeye çalıştığını fark eder. Bundan sonra annenin işi zorlaşır. Geceleri bebeğin ağlama sesiyle uyanır, dakikalarca onu sakinleştirmeye ve yeniden uyutmaya çalışır. Bazen uyku sersemi ve yorgunluktan sabrı tükenir, bebeğe "uyu artık!" diye bağırır; ama işe yaramaz.

Bebeği yataklarına alan anne babaların işi daha da zordur. Annenin ten kokusuna alışan bebek tek başına uyuyamaz. Anneye bağımlı hale gelir. Uykusu ağır olan anne veya baba bazen farkında olmadan bebeğin üzerine döner; bebek ezilebilir, havasız kalarak ölebilir. Bağımsız kişilik ve cinsel sağlık açısından çocukların odası 2 yaşından sonra mutlaka ayrılmalıdır. Anne baba ile aynı odayı ve aynı yatağı paylaşan çocuklarda anneye bağımlılık, babayı anneden kıskanma (odüps kompleksi), anne babanın özel hallerine göz ucuyla ve kulakla şahit olma gibi mahremiyete ve ruh sağlığına aykırı durumlar gelişebilir.

Çocuğu Kendi Odasında Yatmaya Nasıl İkna Etmeli?

Bebeklikten itibaren çocuğu kendi yatak odalarında yatırmaya alıştıran ve daha sonra odalarını ayırmak isteyen anne babalara bazı tavsiyelerimiz olacak:

➔ Asla zor kullanmayın, ceza ile korkutmayın. Bu yaklaşım işi daha da zorlaştıracaktır.

➔ Odasını ayırmaya karar verdiğinizde, odayı özel mobilyalar, oyuncaklar, resimler ve süslü bir karyola ile çekici hale getirin. Merak edip sorduğunda "Bu oda, bu yatak ve bütün bu eşyalar senin" deyin. Büyük olasılıkla odanın cazibesine kapılıp orada yatmayı kendisi isteyecektir.

➔ Eğer bu istek çocuktan gelmezse, "Artık kendi odanda yatacak kadar büyüdün. Büyük çocuklar kendi odalarında yatarlar," şeklinde yönlendirici sözlerle onu ikna etmeye çalışmalısınız.

➔ Çocuk, ikna çabalarımıza rağmen, "Siz beraber yatıyorsunuz, ben neden ayrı yatmak zorundayım?" diye sorabilir. Bu durumda "Biz anne baba olduğumuz için beraber yatıyoruz. Biz de senin gibi küçükken anne ve babamızdan ayrı, kendi odamızda yatıyorduk" şeklinde cevap verebilirsiniz.

➜ İlk günlerde yatağına yatırdıktan sonra sizden uyuyana kadar yanında kalmanızı isteyebilir. Bu isteğini geri çevirmeyin. Uyumasını kolaylaştırmak için bir bardak ılık süt içirin, masal anlatın.

➜ "Aferin sana, artık kendi yatağında tek başına yatabiliyorsun!" şeklinde övücü sözlerle motive edin.

➜ Odasını ayırmak istediğiniz bebek henüz birkaç aylıksa, sadece kısa bir süre, mesela kış çıkana kadar, yatak odanızda yatırmış iseniz, odasını ayırmanız zor olmayacaktır. Ancak, kısa bir süre de olsa, sizinle aynı odayı paylaşan bir bebekten bu alışkanlığını bir iki gün içinde bırakıp kendi odasında yatmaya razı olmasını bekleyemezsiniz. İlk günlerde ağlamaları normal karşılamalı, fazla ciddiye almamalısınız. Ağlamalarına dayanamayıp, bir iki seferliğine de olsa, yatak odanıza aldığınız zaman sihir bozulacak, ağlamaları daha da şiddetlendirerek kendi odasında yatmaya razı olmayacaktır.

➜ Çocuk sizinle aynı yatakta yatmak için sanal korkular geliştirebilir. Karanlıktan, hırsızdan, köpekten, hayali yaratıklardan korktuğunu söyleyebilir. Korkunun normal olduğunu, herkesin korkabileceğini, bunun çaresinin anne baba ile yatmak olmadığını anlatarak onun oyununu bozabilirsiniz. Odasını bir gece lambası ile aydınlatarak karanlık korkusunu yenmesine yardımcı olabilirsiniz.

➜ Bebeğiniz uykusuzluktan yorgun ve halsiz düştüğü halde, huysuzluğuna devam edip kendi odasında yatmak istemiyorsa, ılık bir banyo sakinleşmesini sağlayabilir. Odanın sessiz ve fazla aydınlık olmadığından, çevrede dikkatini çekecek şeyler bulunmadığından emin olmalısınız. Buna rağmen yatmamakta direnirse, çocukla çatışma yaşamaktansa, onu arabasına koyup dışarıda gezmeye çıkarın. Bebeklerin çoğu araba koltuğunda ya da bebek arabasında, hareket halinde iken, kısa sürede uyuyakalır. Dışarıda uyuması, yatak odanızda uyumasından daha iyidir.

Sonuç olarak çocukların inatçılığı çoğu kez ciddi olmayıp dikkat çekmeye ve sizi kendileriyle meşgul etmeye yöneliktir. Çocuk isteğinin yerine gelmesi için yüksek sesle ağlayabilir, kendisini yere atıp tepinebilir. Biz buna "tiyatro yapma" diyoruz. Hiçbir oyuncu seyircisiz oyuna devam etmez. Oynaması için seyirci gerekir. Ağlamaların, kendisini yere atmaların ciddi olup olmadığını anlamak için etkilenmemiş gibi davranın, onu kendi haline bırakıp o mekânı terk edin. Tiyatro yapan çocuk boş odaya oynamayacağı için ağlamayı ve tepinmeyi kesecektir. Eğer yalnız bıraktığınız zaman ağlama ve tepinmeyi sürdürür, şiddetini artırırsa; durum ciddi demektir. Problemi çözmek için bir psikologdan yardım almanız gerekebilir.

Çocuğunu Anaokuluna Götürürken Korkan, Çocuk Değildir, Annedir

Anne 3-4 yaşındaki çocuğunu anaokuluna götürdüğü ilk gün endişelidir ve korkmaktadır. Yeni ve yabancı bir çevreye gittiği için asıl endişelenmesi ve korkması gereken çocuk iken anne korkmaktadır: "Çocuğum bensiz ne yapacak? Yemeğini kendi başına yiyebilecek mi, tuvalet ihtiyacını giderebilecek mi? Düşerse veya hastalanırsa kim bakacak?"

Annenin endişesi ve korkusu yüzüne yansır. Çocuk annenin elinden tutmuş anaokulunun kapısından girerken annenin yüzüne bakar, korktuğunu hisseder. "Annem korktuğuna göre ben burada güvende olmayacağım" diye düşünür. Annenin elini bırakmak istemez. "Anne, evimize gidelim" diye tutturur. Anneye bağımlı çocuklarda okul korkusu daha baskındır. Aslında duyduğu korku okul korkusu değil, anneyi kaybetme korkusudur. Anneden ayrıldığında onu kaybedeceğinden korkar.

Anne çocuğunu ikna etmek için: "Burada çok iyi vakit geçireceksin, arkadaşların olacak, oyun oynayacaksınız, şarkı öğreneceksiniz" der. Ancak annenin titreyen sesle söylediği bu sözler çocuğa hiç de inandırıcı gelmez.

Özellikle her ihtiyacı anne tarafından karşılanan, annenin yardımı olmadan kendi başına yemek yiyemeyen, tuvalet ihtiyacını bile gideremeyen çocuklar anaokulunun kapısından içeri girmek istemezler. Annelerine yalvararak, ağlayarak, kendilerini yerlere atarak anneleri ile birlikte evlerine geri dönmek isterler. Anne bırakıp gitse bile ağlamaya devam eder, bakıcılarına ve öğretmenlerine zor anlar yaşatırlar. Daha ağır vakalarda kusanlar, altını kirletenler ve bayılanlar olabilir.

Anneye Bağımlı Çocuklarda Öğretilmiş Çaresizlik

Her ihtiyacı anne baba tarafından karşılanan, yapabileceği işlerde bile hazıra alıştırılan, "koşma terlersin, atlama düşersin, sen yiyemezsin ben yedireyim, sen giyemezsin ben giydireyim" diye aşırı koruyup kollanan çocuklar anneye bağımlı hale gelmektedir. Bu çocuklar en basit işlerini bile annenin yardımı olmadan yapamadıkları için "öğretilmiş çaresizlik" adını verdiğimiz bir yetenek körlüğü yaşarlar. Anaokuluna gidecek yaşa gelen anneye bağımlı bir çocuk anaokuluna götürüldüğü zaman annenin elini tutar bırakmaz. "Ne olursun anne gitme, beni bırakma" diye yalvarır ve ağlamaya başlar.

Okul korkusunun temelinde öğretilmiş çaresizlik vardır.

Çocuk kalabalıklar içinde kendisini yalnız hissetmektedir. Çünkü annesi olmadan temel ihtiyaçlarını yerine getiremeyecek, yemeğini kendi başına yiyemeyecek, annenin yardımı olmadan tuvalet ihtiyacını bile gideremeyecektir.

Çocuğu kendisine bağımlı hale getiren anneler onu çok sevdiği için böyle davrandığını söylemektedir. Bu gerçek sevgi olmayıp hastalıklı bir sevgidir. Böyle anneler 4 yaşındaki çocuğuyla sokağa çıktıkları zaman elinden tutar bırakmazlar. Çocuk elini anneden kurtarmak ister, "anne bırak ben kendim yürüyebilirim" dese bile bırakmaz. Anne bu davranışıyla çocuğa şu mesajı vermektedir: "Sen benim yardımım olmadan kendi başına yürüyemeyecek kadar zekâ engelli bir çocuksun."

Anne baba okulunda ben bunları anlatırken bir anne ağlamaya başladı. Sordum:

-"Neden ağlıyorsunuz, sizi üzecek bir şey mi söyledim?"

-"Hayır" dedi.

-"Neden ağladığınızı bizimle paylaşmak ister misiniz?"

-"Hayır, şimdi paylaşmak istemiyorum, belki sonra paylaşırım."

Aradan iki veya üç hafta geçti. Ben olayı unutmuştum. Anne elini kaldırdı. "Hatırlıyor musunuz, siz çocuklarda öğretilmiş çaresizliği anlatırken ben ağlamıştım." Hepimiz dikkat kesilmiştik. "Evet" dedim. "Şimdi neden ağladığımı paylaşmaya hazırım" dedi ve anlatmaya başladı: "Siz öğretilmiş çaresizliği anlatırken iki çocuğum aklıma geldi. Büyüğü kız çocuğu ilköğretim üçüncü sınıfa gidiyor. Küçüğü dört yaşında, daha küçük diye anaokuluna vermek istemedim. İkisini de aynı sizin anlattığınız gibi her ihtiyaçlarını ben karşılayarak kendime bağımlı hale getirmiştim. Ama bunu onları sevdiğim için yaptığımı zannediyordum.

Sizin derslerinize katılıncaya kadar kızımı okula ben götürüp getiriyordum. Çantasını bile ben taşıyordum. Sınıfına kadar götürüp sırasına oturtmadan içim rahat etmezdi. Okul çıkışına on dakika kala okul kapısının önüne gelir beklerdim. Çıkışta elinden tutar, çantasını alır eve kadar getirir, başına dikilir, ders çalıştırır, ödevlerini yaptırırdım. Ben annelik görevimi yaptığımı zannediyordum. Meğer çocuğuma haksızlık yapmışım.

Dört yaşındaki oğluma gelince: Aynı sizin anlattığınız gibi, sokağa çıkınca ne olur ne olmaz, belki sokağa fırlar bir arabanın altında kalır korkusuyla elini tutar bırakmazdım. Bir apartmanın ikinci katında oturuyoruz. Merdivenleri çıkarken düşer korkusuyla oğlumun elinden tutar öyle çıkardık. Sizi dinledikten sonra kendi kendime tutum değiştirmeye karar verdim. Önce oğlumdan başlayayım dedim. Sokağa çıkarken elini bıraktım. Çok şaşırdı. "Oğlum, sen akıllı bir çocuksun, kendi başına yürüyebilirsin" dedim. Kaldırımda yürümesi ve sokağa inmemesi gerektiğini anlattım. O kadar sevindi ki anlatamam.

Eve dönünce merdivenlerin başında durduk. Elini bıraktım. "Oğlum ben şimdiye kadar sana haksızlık yaptım. Aslında sen bu merdivenleri kendi başına çıkabilecek akıllı bir çocuksun. Haydi, göreyim seni, dikkatlice çık " dedim. Çocuk kulaklarına inanamadı. "Anne, gerçekten mi?" dedi. "Evet, gerçekten" dedim. Öyle bir hevesle çıkıyor ki, ha düştü ha düşecek. Yüreğim ağzıma geliyor, ama sabrediyorum. Çok şükür, düşmeden merdivenin son basamağına kadar çıktı. Geriye döndü. Zafer kazanmış komutan edasıyla elini kaldırdı: "Anne bak, nasıl çıkabildim!" dedi. Ben sevincimden ağlamaya başladım. Oğlum beni ağlarken görünce ne dedi biliyor musunuz? "Neden ağlıyorsun anne, bak düşmedim!" Ben sevincimden ağlıyordum, ama o korktuğum için ağladığımı zannediyordu.

Kızıma gelince: Okulla evin arası yürüyerek ancak 5 dakika kadardı. Birlikte karar aldık. Birkaç gün o önde, çantası elinde, ben birkaç adım arkasında okula gidecektik, sonra o tek başına gidecekti. Kızım ilk günleri biraz korktu ise de yavaş yavaş alıştı; şimdi kendi başına okula gidip gelebiliyor. Ders konusunda da benden yardım istemedikçe karışmayacağımı, ders çalışmanın ve ödevlerini yapmanın onun sorumluluğu olduğunu, ancak anlamadığı bir yer olursa bana sorabileceğini söyledim."

Annenin anlattıkları hepimizi sevindirmiş, derslere katılan anne babalara da moral kazandırmıştı.

Anneden ve Topraktan Yoksun Büyüyen Çocuklar

Çocuğun fiziksel ve ruhsal yönden sağlıklı büyümesinin olmazsa olmaz iki şartı vardır: Anne ve toprak. Özellikle büyük şehirlerde anneden ve topraktan yoksun, bakıcı elinde/kreşte ve kapalı alanlarda yetişen çocuklar fiziksel ve ruhsal yönden geri kalmaktadır. Anne yoksunluğunun çocuk ruh sağlığı üzerindeki etkileri konusunda pek çok araştırma yapılmış olmasına rağmen, topraktan yoksunluğun etkileri konusunda yeterli araştırma yapılmamaktadır.

Analitik psikolojinin kurucusu Carl Gustav Jung, insan bilincini üçe ayırır: Açık bilinç, kişisel bilinçaltı ve kolektif bilinçaltı. Açık bilinç, anne çocukla sözel ve duygusal iletişim halinde iken çocuğun algıladığı mesajlardır. Kişisel bilinçaltı, çocuğun ana rahminden itibaren yaşadığı tecrübelerin derin hafızada bıraktığı izlerdir. Kolektif bilinçaltı da ilk insan Hz. Âdem'den intikal eden genetik kodlardır. Çocuklar suyla ve toprakla oynamayı çok severler, değil mi? Neden biliyor musunuz: Çünkü onların kolektif bilinçaltlarında ilk insanın çamurdan yaratıldığına dair kodlar vardır.

Doğa Yoksunluğu Sendromu

Toprağa ayağı değmeyen, güneşten, açık havadan, çiçekten, çimenden, ağaçtan, böcekten, kuştan uzak; dört duvar arasında, beton evlerde, tabiattan kopuk yetişen çocuklarda "doğa yoksunluğu sendromu" adıyla dikkat eksikliğine, endişeye ve depresyona yol açan psikolojik bir rahatsızlık ortaya çıkmaktadır. Doğa yoksunluğu sendromuna maruz kalan çocuklar kendilerine yabancılaşmakta, çok iyi bakılıp beslenseler dahi soluk benizli, düşük enerjili, çabuk yorulan ve çabuk hastalanan bir kişilik geliştirmektedir.

Büyük şehirlerde, bir köy nüfusunun bir binaya sığdırıldığı evlerde oturan, doğduğu günden itibaren günün büyük bir bölümü kapalı alanlarda, doğadan uzak geçiren çocuklar meyvenin ve sebzenin manavdan ve pazardan geldiğini biliyor. Ağacın çiçek açtığını, tomurcuklandığını ve meyveye durduğunu gören, meyveyi dalından koparıp yiyen şehirli çocuk sayısı yok denecek kadar azdır. Bu çocuklar ekmeğin de bakkaldan ve fırından geldiğini zannediyorlar.

"Doğadaki Son Çocuk" kitabının yazarı Richard Louv'a göre, özellikle son yıllarda çocukların sürekli kapalı yerlerde kalmaları, enerjilerini boşaltamamaları, doğadaki canlılarla duygusal iletişim kurmamaları, okulda beden dersi ve teneffüs saatlerinin azalması, televizyon ve bilgisayar başında geçirilen zamanların artması hiperaktivite ve dikkat eksikliğine yol açmaktadır.

Doğada, çimenler üzerinde, ağaçların arasında arkadaşlarıyla oyun oynayan çocuğun bütün duyguları aktif haldedir. Kendisinden daha büyük olan bir canlı hayatın/tabiatın parçası haline gelmektedir. Hareket ediyor, duyuyor, görüyor, kokluyor, tadıyor, düşünüyor, temiz havayı teneffüs ediyor, kanı temizleniyor, beyni tazeleniyor.

Ahlâki Değerler ve Davranışlar Ailede Yaşanarak Kazanılır

Aile eğitimi sırasında çocuk, anne babanın sözlerinden çok davranışlarından etkilenir. Onları taklit ederek sosyal davranışlar kazanır. Anne baba çocuğa ahlaki davranışlar kazandırmak için her gün pek çok nasihatler eder, ahlak dersleri verir. Eğer anne baba bu nasihatleri günlük hayatlarında yaşamıyorlar ve uygulamıyorlarsa çocuğun öğrendikleri bilgi düzeyinden ileri gitmez ve davranışlarına yansımaz.

Yine okullarımızda "değerler eğitimi" adı altında dersler verilir. Sevgi, saygı, dürüstlük, yardımseverlik, acıma, çalışkanlık, vefa ve benzeri değerler hakkında vecizeli sözler panolara asılır. Bunların hepsi güzel şeyler elbette, ama bu değerler evde ve okulda yaşanmadığı sürece çocukların davranışlarında bir değişime yol açmaz.

Bu tür teorik bilgilerin bir riski de çocuklarda kulak alışkanlığı yapmasıdır. Çocuk evde ve okulda bu tür nasihatleri duya duya sağır dinleme yapar. Çevreyi kirletmemesi gerektiğini bilir, ama yediği çikolatanın ambalajını ve içtiği kolanın/meyve suyunun kutusunu yere atar ve kutuya bir de tekme atar.

Davranışlara Yansımayan Bilginin Bir Faydası Yoktur

"Temizlik imandandır" buyuruyor Peygamberimiz. Allah temizdir (Kuddüstür), temizi sever. Bu hadisi ve Allah'ın bu ismini bilmeyen anne baba yoktur. Ancak, gelin görün ki, sokaklarımız, piknik yerlerimiz, park ve bahçelerimiz, hatta cami avluları ve şadırvanları bile atık çöplerle kirletilmiş haldedir.

İsraf haramdır. Allah: "Yiyin için, ama israf etmeyin, ben israf edenleri sevmem" buyuruyor. Bu ayet mealini bilmeyenimiz yoktur. Yoktur, ama her sene tonlarca ekmek ve yemek artığı çöpe atılmaktadır. Demek ailede nimete gereken saygı gösterilmiyor, Allah'ın israf etmeyin emrine uyulmuyor. Araştırmalara göre ülkemizde bir senede çöpe atılan ekmeğe verilen parayla 500 okul yapılabiliyor. Yemek artıklarını da buna katarsanız yapılabilecek okul sayısı ikiye katlanıyor.

Temel Değerleri Kazandırmada Annenin Rolü

Çocuk sevgi, saygı, dürüstlük, yardımlaşma, acıma gibi temel ahlaki davranışları ailede, annenin dizi dibinde, yaşayarak kazanır. Ailede kazanılmayan ve kişiliğine yansımayan bu davranışları sonradan resmi kurumlar yoluyla öğretmek çok zordur. Kızım 18 aylık bebeğine mama hazırlarken her seferinde yiyeceğinden fazla pişiriyor, artanını döküyordu. "Kızım, neden yiyeceğinden fazla pişiriyorsun, artanını bozulur diye de saklamıyorsun, çöpe döküyorsun" dediğimde; "babacığım ben yer ümidiyle hazırlıyorum, ama yemiyor, ne yapayım" diye kendisini savunmuştu.

Annelerin yemek yedirme konusunda çocuklarını zorlamaları, doyduğu halde iki kaşık fazla yedirmek için çaba göstermeleri ayrıca ele alınması gereken bir konuydu. Burada kızıma anlatmaya çalıştığım şey israftı. Kızım artan mamayı çöpe dökerek iki hatalı davranışta bulunuyordu. Birincisi nimete saygısızlıktı. İkincisi, bebeği annenin artan mamayı çöpe döktüğünü görüyordu ve bunu bilinçaltı hafızaya alıyordu. Kendisi anne olduğunda bebeğinden artan mamayı çöpe dökmekte bir sakınca görmeyecekti.

Seneler önce yakın bir akrabama yemeğe gitmiştik. Su içmek için mutfağa gittiğimde evin gelini olan genç bir anneyi çöpe ekmek atarken gördüm. "Kızım ekmek nimettir, neden çöpe atıyorsun?" dediğimde; "hocam bayatlamış, kimse yemiyor" demiş, öptükten sonra çöpe atmıştı. Genç annenin ekmeğe saygısı öpmekten ibaret, teğet bir saygıydı. Şimdi bu anneyi çöpe bayat ekmeği atarken gören kız çocuğu, yani geleceğin annesi bayatlamış ekmeği öperek çöpe atacak, bunun nimete saygısızlık ve israf olduğunu düşünmeyecekti. Bu aile yakın akrabam, tanıdığım, inançlı bir aileydi. Yemeğe "Bismillah" diye başlıyor, sonunda "Elhamdülillah" diyerek şükrediyorlardı. Ancak bu besmelenin ve şükrün bir derinliği yoktu, gelenekten ve alışkanlıktan ibaretti.

Müslüman anne babalar olarak yemeğe başlarken "Bismillah", bitirirken "Elhamdülillah" deriz, çocuklarımıza da öğretiriz. Eğer bu kelimelerin ne anlama geldiğini ve niçin söylediğimizi anlayacakları basit bir dille anlatmazsak çocuklarımız ezberden ibaret olan bir geleneği sürdürmüş olurlar.

Nimetin Gerçek Sahibini Tanımak

Bayatlayan ekmeği ve artan yemeği çöpe döken bir anne veya baba şöyle düşünebilir: "Bayatlayan ekmeği ve artan yemeği yemek zorunda değilim. Parasını verip almışım, zararsa benim keseme zarar." Bu ifadeler nimetin gerçek sahibini düşünmeden söylenmiş sözlerdir. Hâlbuki çarşıdan pazardan parasını ödeyerek aldığımız ekmeğin ve yiyeceklerin gerçek sahibi ne satandır ne de parasını verip alan bizleriz.

Çocuklarımıza soframıza gelen bütün nimetlerin gerçek sahibinin Allah (Mün'im-i Hakiki) olduğunu anlatmalıyız. Okulöncesi çocuklara bunu oyunla anlatarak daha zevkli hale getirebiliriz. Ülkemizde en çok israf edilen nimet ekmek olduğu için oyunumuzun adı. "Bu bir dilim ekmek bize nereden ve nasıl geliyor?" olsun. Gerekli malzemeler: Bir avuç buğday, iki kaşık un, bir dilim ekmek.

Nimete Şükür Oyunu

Çocuklar yemek konusunda sıklıkla nazlandıkları için çocuğun aç olduğu bir saatte, yani yemekten önce oynanması daha etkili olacaktır. Anne: "Seninle sorulu-cevaplı zevkli bir oyun oynayalım mı?" diye çocuğun merakını çekmeli. Çocuk kabul edince önceden bir torbanın içine koyduğu üç malzemeden biri olan ekmeği çıkarıp: "Sence bu bir dilim ekmek bize nereden ve nasıl geliyor?" diye oyuna başlar. Çocuk, büyük ihtimalle, "Bakkaldan" diye cevap verecektir. Ya da daha ileri giderek "Fırından" diyecektir. Anne sorar: "Peki, ekmeğin fırında neden ve nasıl yapıldığını biliyor musun?" Çocuk düşünmeye başlar. Anne: "Benim evde börek, kek ve pasta pişirirken ne yaptığımı düşün" diye ipucu verir.

Çocuk düşünürken anne malzeme torbasından kilitli şeffaf poşete koyduğu iki kaşık unu çıkarıp gösterir. Çocuğa yardım ederek ekmeğin undan yapıldığını, fırıncının unu suyla karıştırıp hamur yaptığını, hamuru içi sıcak fırına koyduğunu, piştikten sonra çıkardığını ve gelen müşterilerine sattığını buldurmaya çalışır. Yine sorar: "Peki, unun neden yapıldığını biliyor musun?" Bu soruya cevap verecek çok az okulöncesi çocuğu vardır. Anne torbadan bir avuç buğday poşetini çıkarıp gösterir. "İşte, un bu buğdaylardan yapılıyor" der. Buğdayın değirmende öğütülerek un haline getirildiğini anlatır.

Sormaya devam eder: " Peki, buğday değirmene nereden geliyor?" Yine çocuğa küçük ipuçları ve bilgiler vererek buğdayın tarladan geldiğini, çiftçi tarafından toprağa ekildiğini buldurmaya çalışır. Anne oyunu yönlendirerek şu bilgilere ulaşılmasını sağlar: Çiftçinin toprağa ektiği buğdayların filizlenip başak vermesi (bu arada ansiklopediden veya internetten başak resmi bulup gösterir) için hava, ısı, ışık ve su gerekir. Hava dünyayı kuşatan atmosferden, ısı ve ışık güneşten, su yağmurdan, yağmur bulutlardan gelir. Toprağı, buğdayı, havayı, güneşi ve yağmuru yaratan Allah'tır. Demek soframıza kadar gelen bu bir dilim ekmeğin gerçek sahibi Allah'tır. Ancak soframıza kadar gelmesinde çiftçinin, değirmencinin, fırıncının ve ekmeği alacak parayı kazanan babamızın yardımı (emeği) vardır.

Anne bu bilgileri verdikten sonra şu telkinde bulunur: "İyi dinle yavrum. Bu bir dilim ekmeği çöpe attığımızda başta gerçek sahibi olan Allah'a, sonra sırasıyla emeği olan çiftçiye, değirmenciye, fırıncıya ve babamıza saygısızlık (nankörlük) yapmış oluruz. Bu telkinden sonra anne şu soruyu sorar: "Seni bakkala veya fırına ekmek almaya göndersek, parasını vermeden ekmek alabilir misin?" Çocuk: "Alamam" diyecektir. Anne bunun üzerine şu soruyu sorar: "Ekmeğin gerçek sahibi olmayan fırıncı veya bakkal para almadan vermiyor. Peki, ekmeğin gerçek sahibi olan Allah bizden ne istiyor?"

Çocuk düşünürken anne şu cevabı verir: Sadece ekmeğin değil, toprağın bitirdiği bütün yiyeceklerin sahibi de Allah'tır. Allah verdiği nimetlere karşı bizden üç şey istiyor: Zikir, fikir, şükür. Yemeğe başlarken "Bismillah" zikir, yerken bu nimetlerin nasıl yaratıldığını, bize nasıl ulaştığını düşünmek fikir, yemeği yedikten sonra "Elhamdülillah" demek (Allah'a teşekkür etmek) şükürdür. Anne, zikrin geniş anlamının namaz ve dua olduğunu da söyleyebilir.

Allah'ın İktisat Kanunları Bütün İnsanlar İçin Geçerlidir.

İnancımıza göre Allah'ın iktisat kanunları herkes için geçerlidir, kim riayet ederse o bereketini bulur, yokluk çekmez. Amerika'da mastır yaptığım yıllarda ilginç bir olay yaşamıştım. Üniversitenin yemek salonunun giriş kapısında "Take what you need, eat what you take!" (İhtiyacın kadar al, aldığını da ye) yazıyordu. Birlikte kapıdan giriş yaptığımız Çinli bir araştırma görevlisine yazıyı göstererek: "Bu bize Allah'ın emridir; Allah yiyin için ama israf etmeyin, ben israf edenleri sevmem buyuruyor" dedim. Gülümsedi. Belki Allah'a inanmıyordu, ama hoşuna gitmişti. "Biz de iktisada çok önem veriyoruz, bizde israf yoktur. Milyarlarla nüfusu iktisatla doyuruyoruz. Bizde aç insan yoktur" dedi.

Self servis olduğu için dileyen dilediği yemekten dilediği kadar alabiliyordu. Çinli arkadaşla yemeklerimizi alıp aynı masaya oturduk. Birkaç dakika sonra masamıza Ürdünlü bir doktora öğrencisi gelip oturdu. Tepsisi tepeleme yemek ve yiyecek doluydu. Çinlinin gözleri fal taşı gibi açıldı. Bana döndü: "Arkadaş bu kadar yemeği nasıl yiyecek?" dedi. "Yiyemeyeceği belli" dedim. Ürdünlü arkadaş bizi duymazdan geldi.

Biz yemeklerimizi bitirmek üzereydik, Ürdünlü arkadaş daha beşte birini yememişti. Çinliye baktım, tabağında kalan iki-üç pirinç tanesini almaya çalışıyor. Ürdünlü de duyacak şekilde: "İki-üç pirinç tanesinin ne önemi var, neden uğraşıyorsun?" dedim. "Bizde israf yoktur, içeri girerken konuşmuştuk ya. Üç pirinç tanesini Çin nüfusuyla çarp bakalım kaç ton pirinç yapar" dedi. Bütün hücrelerime kadar titredim. Ürdünlü doktora öğrencisine döndüm: "Çinli arkadaşı duydun mu?" dedim. "Duydum" dedi. "Peki, sen ne yapıyorsun Müslüman kardeşim? Aldığın yemeklerin beşte birini ancak yedin, artanını ne yapacaksın?" Sırıtarak: "Dökeceğim" dedi.

Çinli arkadaş duyduğuna inanamadı. "İsraf haram değil mi, neden böyle yapıyorsun? İçeri girerken Çinli arkadaşa giriş kapısındaki yazıyı göstererek bunun bizde Allah'ın emri olduğunu, Allah'ın israf edenleri sevmediğini anlattım. Şimdi bana Ürdünlü arkadaş Müslüman değil mi diye sorarsa ne derim?" Ne cevap verse beğenirsiniz: "Ben Amerika'yı sevmiyorum, böyle yaparak Amerika'ya zarar vermiş oluyorum."

Amerika'yı sevmediğini söyleyen Ürdünlü arkadaş Amerika'nın verdiği bursla doktora yapıyordu.

Çekirdek Ailede Çocuk Eğitimi Sorunu

Geniş ailenin giderek anne baba ve tek çocuktan oluşan çekirdek aileye dönüşmesi en çok bebeğini tek başına yetiştirmek zorunda kalan anneleri etkilemektedir. Anneanne, babaanne gibi tecrübeli bir aile büyüğünün desteği olmadan çocuğunu yalnız büyütmek zorunda kalan anneler destek alan annelere göre daha fazla gergin, sinirli ve mutsuz bir kişiliğe bürünebilir.

Bebekle birlikte annenin yaşam biçimi eskiye göre çok değişir. Hamile kalmadan önce rahatlıkla spor yapabilen, arkadaşları ile çay toplantılarına ve günlere katılan, eşi ile tatile çıkan, evde gazetesini ve dergisini okuyabilen, mışıl mışıl uyuyan, elbiselerine rahatlıkla sığan bir kadın hamile kalışıyla birlikte değişmeye başlar. Aşermeler, periyodik doktora gitmeler, hareketlerde azalmalar ve derken doğum sancıları başlar. Evde yalnızdır. Doğumevine veya hastaneye kim götürecektir. Telefonla eşini arar. Ya zamanında yetişemezse, ya bebek geliverirse?

Doğumun sağlıkla gerçekleşmesi anneyi rahatlatır. Bebeğini kucağına alınca mutluluktan bütün ağrıları geçer. Ziyaretine birkaç komşusu dışında gelen olmaz. Annesinin ve kayınvalidesinin yolunu gözler. Kayınvalide hasta eşine bakmak zorunda olduğu için gelemez. Annesi ancak iki gün sonra gelebilir. O da bir haftadan fazla kalamaz. Evde babası ve kardeşleri yalnızdır. Anne gitmeden önce kızına bebeğini nasıl emzireceğini, gazını nasıl çıkaracağını, kucağında nasıl tutacağını, nasıl banyo yaptıracağını anlatır.

Anne gittikten sonra evde bebeğiyle tek başına kalır. Kocası işe gitmek zorundadır. Akşamları işten yorgun döndüğü için onun da bir yardımı olmaz. Kayınvalidesiyle kavga edip ayrı eve taşındıkları zaman bir oh çekmişti. Artık eşiyle baş başaydı, karışanı olmayacaktı. Gün gelip çocuğunu tek başına büyütmek zorunda kalacağı hiç aklına gelmemişti.

Evinin kraliçesi olan genç kadın gitmiş, uykusuzluktan gözlerini kırpan, bebeğini emzirebilmek ve yeterince besleyebilmek için tüm bedenini uyanık tutmaya çalışan, evi toplama, bulaşık yıkama, çamaşır asma gibi işleri bebeğin uyku saatine sıkıştırmaya çalışan, kendine ayıracak zamanı kalmayan, yorgunluktan başını koyduğu yerde uyuyakalan bir kadın gelmişti. Kendisini anneliğe hazırlayan bir çabası olmamıştı. Çocuk bakımı, beslenmesi ve psikolojisi hakkında ne bir kitap okumuş, ne bir kursa gitmişti.

Anneler için hazırladığımız bu kitapta çocuğunu yalnız büyütmek zorunda kalan annelere de yardımcı olmamız gerekiyordu. Bu annelerin kendilerine ve eşlerine zaman ayırabilmeleri ve yorgunluklarını azaltabilmeleri için birkaç tavsiyemiz var:

➜ **Aşırı titiz, düzenli, temizliğe dikkat eden mükemmeliyetçi bir anne olmaya çalışmayın:** Bu aşırı çabalar anne üzerindeki baskıyı arttırmaktadır. Önceden düzenli bir eve sahip olan anne bebeğin gelmesi ile dağınıklaşan ortamdan daha fazla rahatsızlık duymakta, kalan az zamanda toparlanamayan mutfak ve odalar annenin kendisini daha gergin hissetmesine neden olmaktadır. Oysaki bu durum anne tarafından bebek gelmeden önce kabullenilmelidir. Bebekle birlikte eski düzen kalmayacak ve eve harcanan zaman bebeğe verilecektir.

➜ **Bebeğin uyku saatlerini dinlenme zamanı olarak planlayın:** Birçok anne bebeğin uyku saatini iş yapma zamanı olarak değerlendirme hatasına düşmektedir. Bu zamanları iş yaparak değerlendirmek yerine kısa uyku molaları, müzik dinleme ve dinlenme zamanı olarak değerlendirmek annenin ruh sağlığını olumlu etkileyecektir.

➜ **Bebekle geçirdiğiniz zamanı ve oyunları ikinizin de keyif alacağı hale getirin:** Gün içerisinde bebeğin fiziksel ve duygusal ihtiyaçlarının karşılandığı her anı oyun haline getirmek, onunla birlikte gülümsemek bebeği de sizi de psikolojik olarak rahatlatacaktır. Evde kolayca bulabileceğiniz malzemelerle oyunlar kurabilir bunun için hazırlanmış kitaplardan faydalanabilirsiniz.

➜ **Bebeğinizle ilgilenme adına eşinizi ihmal etmeyin:** Bebeğin aileye katılması ile birlikte annelerin ilgilerini bebek üzerinde yoğunlaştırdığı, eşlerine yeterince zaman ayıramadığı, eşlerini ihmal ettiği, bu yüzden eşler arası ilgilin zayıfladığı görülmektedir. Anneler her fırsatta bebek hakkında eşiyle sohbet etmeli, sevgi sözcükleri ve dokunuşlarla eşini rahatlatmalıdır. Babalar çoğu zaman bebekle nasıl iletişim kuracağını, onu nasıl avutacağını bilemez. Anne bu konuda babaya yardımcı olmalı, bebeği onun kucağına vererek nasıl taşıyacağını göstermeli, bebeğe banyo yaptırırken babadan yardım istemelidir. Çocukla zaman geçirme konusunda babaya da görev ve sorumluluklar vererek ev işlerine ve kendinize zaman ayırabilirsiniz.

➜ **Kendinizi feda etme haksızlığına düşmeyin:** Hamile kalmadan önce keyif aldığınız aktiviteleri bebekle birlikte bitirmeyin. Çocuk doktorunun izin verdiği ortamlarda hobilerinizi devam ettirebilirsiniz. Çoğu anneler bütün zamanını çocuğa, ev işlerine ve eşine ayırarak kendisine haksızlık yapmaktadır. Kendine zaman ayırmayan, kendisine bakmayan, kendisi için çaba göstermeyen anne zamanla farkında olmadan tükenmişlik sendromu yaşayabilir ve depresyona girebilir.

2. Bölüm
ÇOCUK EĞİTİMİ AÇISINDAN ÇALIŞAN ANNELER

Kadının Çalışma Hayatına Atılışı, Sebep ve Sonuçları

BATIDA SANAYİ devrimi ile fabrika sayısının artması, yeni makinelerin icadı, ev içi uğraşları hafifleten araç-gereçlerin piyasaya sürülmesi, şehirli kadının fazla çocuk yapmak istememesi, kadına ihtiyaç duyulan yeni iş alanlarının açılması ve nihayet ekonomik şartlarının zorlaşması, evin dışında çalışan kadın sayısının giderek artmasına neden olmuştur. Birinci ve ikinci dünya savaşı yıllarında Avrupa ülkelerinde pek çok kadın, savaşta ölen erkeklerden boşalan iş yerlerine geçmiştir. Savaş bitince kadınların evlerine dönecekleri zannedilmiş, ancak özellikle savaşta kocasını kaybeden kadınların kamu hizmetlerinde ve sanayi kuruluşlarında çalışmaya devam ettikleri, ayrıcı dönemde öğrenim gören kadın sayısı artış göstermiş, uzmanlaşmayı gerektiren alanlarda kadınların çalışmaya başladıkları görülmüştür.

Sanayi bölgelerinin büyük şehirlerin çevrelerinde yoğunlaşması köyden kente göçü hızlandırmış, bu da sanayi kesiminde ve kamu hizmetlerinde çalışan kadın sayısını arttırmıştır. Günümüzde kadınların büyük çoğunluğu aile bütçesine katkıda bulunmak amacıyla çalışmaktadır. Ülkemizde yapılan araştırmalar kadınların sadece küçük bir yüzdesinin, meslek arzusu ve sevgisi ile çalışma hayatına atıldığını göstermektedir.

Ülkemizde kadının çalışması sebebiyle aile hayatı sarsıldığında, kadın çalışma hayatından vazgeçebilmektedir. Bu durum yükseköğrenim görmüş meslek sahibi kadınlar için de geçerlidir. Evlilik ve annelik kadının işini bırakmasında veya çalışma hayatına ara vermesinde etkili olmaktadır. Kadınların gerek vasıfsız işçi, gerekse meslek sahibi olarak çalışma hayatına atılmaları uzun süre hoş karşılanmamışsa da, ekonomik şartlar ağır basmış, kadının çalışması kabul görmeye başlamıştır.

Kadının çalışmasının hoş karşılanmaması, yalnız bizim toplumumuza has bir konu değildir. Kadının çalışma hayatına atılması ile birlikte aile düzeninin bozulması, boşanma oranının artması, kadınlar arasında suçluluk, alkolizm ve akıl hastalıklarının daha sık görülmesi üzerine batılı toplumbilimciler ve psikologlar gerekli düzenlemeler yapılmaması halinde kadının çalışmasının bir takım sorunlara yol açacağını ileri sürmüşlerdir. Evin dışında çalışmanın, kadın üzerindeki etkilerini inceleyenlerin yanı sıra, annenin çalışmasının çocuk üzerindeki etkilerini araştıranlar olmuştur. Bu uzmanlar annenin çalışmasının, çocuğun gelişiminde aksaklıklar yaratacağını, çocukta uyum ve davranış bozukluklarına yol açacağını savunmuşlardır.

Annenin çalışmasının çocuk üzerindeki etkilerini araştıran uzmanlar, annenin yokluğunda çocuk için uygun eğitim sağlamanın güçlüğüne değinerek annesi çalışan çocukların yalnız kaldıklarını ve ihmal edildiklerini iddia etmişler, annenin evin dışında çalışmasına karşı çıkmışlardır. Bununla birlikte bazı uzmanlar annesi çalışmayan, ev hanımı olan çocukların da ihmal edilmeleri ve aşırı baskı görmeleri halinde psikolojik sorunlar yaşayacaklarını iddia etmişlerdir. Bu uzmanlara göre sorun doğrudan annenin çalışması ile ilgili olmayıp annelik tutumuyla ilgilidir. Annenin çocuğuna ayırdığı zamanın süresi değil, kalitesi önemlidir.

Anne işe giderken çocuğunu öperek, onu sevdiğini ve geri döneceğini söyleyerek evden ayrılması durumunda çocuk fazla incinmeyecektir. İşten döndüğünde bir süre çocuğuyla birlikte zaman geçirir, beslenmesi ve temizliği ile ilgilenir, onunla oyun oynar, gezmeye çıkar, sevgi alış verişinde bulunursa annelik görevini yerine getirmiş sayılır. Annenin çocuğa gösterdiği ilgi ve şefkat, çocuğuna karşı tutumu, çocuk yetiştirme ideali ve disiplin anlayışı, anne-çocuk ilişkilerini etkilediği gibi, çocuğun gelişimini de, kişiliğini de etkiler. Çocuk üzerinde etkili olan annenin çalışıp çalışmaması değildir, onu etkileyen annesi ile kurduğu ilişkinin niteliği, annesinin belli durumlardaki tutumu, annesi ile yaptığı işbirliği ve annesinin onda uyandırdığı güven duygusudur.

Çalışan anneler çoğunlukla çocuklarına yeterli zaman ayıramadıkları için suçluluk duyarlar. Bu duygunun etkisiyle çocuklarının üzerine aşırı derecede düşerler, onu gerektiğinden fazla korurlar, davranışlarına sınır koymaktan kaçınırlar, evde kendisine hiçbir iş yaptırmazlar, hatta çocuğunun yapabileceği işleri bile kendileri yaparlar. Annenin bu tutumu, bazı hallerde çocuğun aşırı hassas, bağımlı ve çekingen olmasına bazen de şımarık, asi ve dik başlı olmasına yol açar. Uzmanlara göre, bu tür anneler genellikle işlerinden memnun olan, işlerinde tatmin olan annelerdir; çalışma ortamında mutlu olduklarından çocuklarına karşı görevlerini yeterince yapamadıklarını düşünürler, kendilerini suçlarlar ve bu tür davranışlara yönelirler.

Bazı anneler de çocuğa, onun refahını ve mutluluğunu sağlamak için çalıştıklarını, mecbur olmasalardı çalışmayacaklarını sık sık söylerler, yorgun olduklarını ileri sürerek çocuğun bazı ev işlerine katkıda bulunmasını isterler, hoşgörülü davranmaz çocuktan yaşının üstünde olgunluk beklerler. Uzmanlar, bu annelerin de, çoğunlukla çalışmaktan hoşlanmadıklarını, iş ortamında tatmin olmadıklarını, hoşnutsuzluklarının bu tür davranışlara yol açtığını ileri sürmektedirler. Bu annelerin çocuklarının da iddiacı olduklarını, annelerine karşı küskünlük duyduklarını, zaman zaman düşmanca davranışlar gösterdiklerini kaydederler.

Bu iki yaklaşım türü de çocuğun gelişimi açısından hatalı ve zararlıdır. İdeal olan, annenin sıcak ve samimi bir hava içinde çocuğunu yetiştirmeye çalışması, onun olgunlaşmasına yardımcı olması, onu bağımsız kılmaya çalışması, belli bir disiplin anlayışı içinde çocuğun sorunlarına eğilmesidir. Anne ne kadar yorgun olursa olsun, çocuğuna vakit ayırabilmeli, çocuğunun dertlerini dinlemeli, neden çalıştığını veya çalışmak zorunda olduğunu çocuğuna uygun bir dille anlatabilmelidir. Uzmanlar annesinden ilgi görerek büyüyen çocuklarda topluma kabul edilme, çevre tarafından sevilme arzusunun kuvvetli olduğunu, annesinden ilgi ve şefkat görmemiş olanlarda çevreye karşı ilgisizlik, içedönüklük, bencillik, toplumdan kaçma gibi duyguların daha çok görüldüğünü kaydederler.

Prof. Dr. Norma Razon ve ekibi tarafından gecekondu bölgesinde gerçekleştirilen bir araştırmada annesi çalışan ilkokul çocuklarının, özellikle sınıf içinde, annesi çalışmayanlardan daha silik olduklarını ve çekingen davrandıkları, annesi çalışan çocukların okul başarılarının, annesi çalışmayanlardan daha düşük olduğu görülmektedir. Başarısızlık ilkokul birinci sınıfta daha belirgindir ve yaşla azalmaktadır. Burada başarısızlığa yol açan doğrudan doğruya annenin çalışması değil, annenin çalışması ile birlikte ortaya çıkan vakitsizlik, yorgunluk, ilgisizlik gibi etkenlerdir.

Annesi çalışan çocukların çoğunluğu okul dönüşü kendilerini karşılayan, dertlerini dinleyen, okul durumunu merak eden bir anneden yoksundurlar. Oysa özellikle öğrenim hayatının ilk yılında, aileden kopup okul ortamına atıldığı ilk günlerde çocuğun ders yaparken yardım ve kontrole, hiç değilse desteğe ihtiyacı vardır. Ayrıca, çocuk okul dönüşü dertleşebileceği, okulda olanları anlatabileceği birini arar. Bu dönemde çocuk şefkat gösterileri kadar, annesinin okul durumu ile ilgilenmesini bekler. Bu ilgi, çocukta başarılı olma arzu ve çabasını kamçılar, bu ilginin olmadığı hallerde başarının düştüğü görülür.

Aynı araştırmada çocukların bir kısmının ailenin geçimi, kiranın ödenmesi, alış-verişin yapılabilmesi gibi ekonomik nedenlerle annelerin çalışmak zorunda olduğunu bilmesine rağmen, annelerinin çalışmasından ötürü mutsuz oldukları, ancak kız çocuklarının erkek çocuklarına göre daha mutsuz oldukları görülmektedir. İncelenen bu çocukların okul döneminde olduğu gibi, okul öncesi dönemde de, anne ihtimam ve ilgisinden yoksun büyüdükleri anlaşılmaktadır.

Çalışan annenin ev işlerinin yanı sıra, bakım ve ilgi bekleyen bir veya birkaç çocuğu vardır. Çalışan anne ev işlerinin yanı sıra çocuğunun/çocuklarının ihtiyaçlarını karşılamak, sorularını cevaplandırmak, okul durumu ile ilgilenmek zorundadır. Eğer ev işlerinde ve çocuğun bakımında eşi kendisine yardım etmiyorsa, kendisine yardımcı olabilecek bir yakını veya akrabası da yoksa çocuğun/çocukların bütün sorumluluğunu tek başına yüklenmek zorunda kalacaktır. Bu da zaten yorgun ve tedirgin olan çalışan annenin huzursuzluğunu daha da arttıracaktır.

Evde Aktif Olan Anne İşte Lider Olmak İstemiyor

Geçenlerde California Üniversitesinin Berkeley kampüsünde gerçekleştirilen çalışmanın sonuçlarına göre, kendi evlerinde aktif olan ve bunu severek yapan anneler işte benzer liderlik pozisyonlarında bulunmak konusunda daha az istekli oluyorlar. Çalışmaya göre, evde aldıkları sorumluluklar çalışan anneleri yeterli ölçüde tatmin ettiğinden ve yaratılışlarına uygun düştüğünden profesyonel anlamda terfi, yönetici pozisyonlarında görev alma konusuna özel bir ilgi veya enerji harcamıyorlar.

Evde karar verici olmak erkeklerin profesyonel iş hayatlarına herhangi bir etkide bulunmuyor. Araştırmalar kadın-erkek eşitliği alanında yıllardır süren çabalara rağmen, kadınların çocuk büyütme, ev işleri ve ev ekonomisi gibi konulara, erkeklerin ise mesleki uzmanlık alanlarına yoğunlaştığını gösteriyor

Çalışan Anne İş ve Aile Hayatı Arasındaki Dengeyi Sağlamakta Zorlanıyor

Amacı çalışan annelerin çocuklarıyla ve eşleriyle daha çok zaman geçirmelerini sağlamak ve kadın olduklarını unutturmamak olan "Çalışan Anne Araştırmaları Enstitüsü'nün (Working Mother Research Institute) anketi çalışan annelerin iş ve aile hayatı arasındaki dengeyi korumak için nasıl seçimler yaptığını inceliyor. Daha da önemlisi bu seçimlerin arkasındaki nedenleri ortaya çıkarmaya çalışıyor. Amerika genelinde 3700 kadının katıldığı anket sonuçları iş ve aile hayatı arasında büyük kopukluk olduğunu, çalışan kadınların istedikleri ile yaptıklarının birbirini tutmadığını gösteriyor. Çoğunlukla ekonomik şartlar gereği istediklerinden vazgeçip veya erteleyip başka alternatifleri kabul etmek zorunda kalıyorlar.

Bebeği olduktan sonra evde kalmayı seçen kariyer odaklı kadınların % 52'si çocuk ayağa kalktıktan sonra işgücüne dönmek istiyorlar. Tüketime dayalı iş kollarında çalışan annelerin ise % 71'i işlerini sadece para kazanmak için yaptıklarını söylüyorlar.

İşverenler Çalışan Anneler İçin Neler Yapabilir?

İşverenler her yaştan kadının işgücünde kalmasını sağlamak ve değerli yeteneklerini şirketlerine kazandırmak için çeşitli kolaylıkları hayata geçirebilir. Çalışan Anne Araştırmaları Enstitüsü, işverenlere şu tavsiyelerde bulunuyor:

Güvene dayalı bir şirket kültürü geliştirin: Çalışanları şirkete bağlayan en önemli etken güven duygusudur. Çalıştığı kurumun gittiği yön, beraber çalıştığı insanların doğru karar alma yetenekleri, yöneticilerin çalışanlarına adil davranmaları ve hak ettiği ücreti vermesi güvenin temelini oluşturur. Yeni yönetim anlayışına göre çalışanlar iş yerinin ortağı gibidir. İki ortağın birbirlerine güvenmeleri başarının ilk şartıdır. Beraber çalıştığı insanlara güven duyan insan açıklıkla fikirlerinden bahsedebilir, soru sorabilir, görüş alışverişi yapabilir, problemleri dile getirebilir.

Güven aynı zamanda iş yapış biçimini ve iş mekanını da

etkiler. İşi zamanında teslim ettikten sonra, çalışanın bilfiil işe gelip gelmemesi önemini yitirir. Eğer çalışan anne sabah çocuklarıyla bir saat kreşte veya oyun grubunda zaman geçirmek istiyorsa, bunu sabah daha erken kalkıp işini tamamlayarak kimseye hesap vermeden yapabilir. Best Buy'ın ROWE (Result-Oriented Work Environment) adını verdiği "sonuç merkezli" program bu konuda güzel bir örnek. İşveren annelere istedikleri zaman ve yerde çalışmalarına fırsat tanıyor. İşlerini diledikleri yerde evde veya kreşte yapabiliyorlar. Bu program sayesinde son dönemde sorun yaşayan bazı işletmelerin üretkenliği artmış ve çalışanların işten ayrılma oranı düşmüş.

Aile odaklı olun: Şirketler aile yaşamına saygı gösteren ve destek veren programlar uygulamaları durumunda ihtiyaç duyduğu yetenekli anneleri bünyesine katabilir ve şirkette uzun yıllar çalışmalarını sağlayabilir.

Esneklik sağlayın: Esnek çalışma düzeni, çalışan anneler için paralı annelik izni veya kreş yardımı kadar önemlidir. Çocukları okula yollarken uğurlamak ve okul çıkışında karşılamak birçok çalışan annenin özlemini duyduğu şeydir. Annelere bu fırsat verildiği zaman işlerine daha hevesle sarılacaklardır.

Çocuğu hastalanan annelere izin verin: Çocukları hasta olduğunda annelerin kendilerini işlerine vermeleri zordur. Eğer evde yatan çocuğuna bakacak kimsesi de yoksa annenin üzüntüsü çaresizliğe dönüşür. Anneyi şirketi arayıp kendisini iyi hissetmediği yalanını söylemeye itmek yerine, çocuğunun hasta olduğunu söyleyerek hastalık izinlerinden kullanması annenin yaşamını büyük oranda kolaylaştıracaktır.

Çalışan Kadının En Büyük Korkusu

Türk toplumunda çalışan kadın olmak zor, hele çalışan anne olmak daha da zordur. Çalışan kadının sorunu sadece ev işleri iken, çalışan annenin sorunu ev işlerinin yanı sıra çocuk bakımı ve eğitimidir. Çalışan kadın çocuk yapmaya karar vermeden önce, hamilelik dönemi ve sonrası için eşiyle birlikte bir plân yapmalı; çocuğa kimin, ne kadar süreyle ve nerede bakacağına karar vermelidir. Araştırmalar çalışan kadınların çocuk yapmaya karar verdiklerinde en büyük korkularının şu soruda gizli olduğunu gösteriyor: "Ben işe başlayınca bebeğime kim bakacak?"

Doğum sonrası izin bitmeden anne eşiyle birlikte çalışmaya devam edip etmeyeceğine karar vermeli; çalışacak ise işe başlamadan bebeğe bakacak kişiyi bulmuş olmalıdır. Bebeğe bakacak doğru kişiyi bulmak çok önemli, ama bir o kadar da zordur. Ülkemizde bakıcı yetiştiren ve sertifika veren eğitim kurumları olmadığı için bakıcılık yapan kadınların çoğu bu işi maddi gelir için yapmaktadır. Kreş imkânları da kısıtlı ve oldukça pahalıdır.

Anne, bebeğini gönül rahatlığı içinde teslim edebileceği bir bakıcı bulamadığı zaman geriye iki seçenek kalmaktadır. Ya çalıştığı kurumdan ücretsiz izin alarak en azından iki yaşına kadar çocuğuna kendisi bakacak ya da anneanne, babaanne, hala, teyze gibi bebekle kan bağı olan birine bebeğine bakmayı teklif edecektir. Kan bağı olan birinin, bu çoğu zaman anneanne olmaktadır, bebeğe bakması hem ekonomik açıdan hem de bebeğin ruh sağlığı açısından en doğru çözüm olmaktadır.

Bazı hanımlar ev işlerine ve karı-koca arasındaki sorunlara kendi anneleri de olsa, kimselerin karışmasını istemezler. Hele bu kaynanaları olunca hiç istemezler. Hâlbuki kızının ve oğlunun ev düzenini, yemek alışkanlıklarını, tercihlerini en iyi bilen ve kolayca uyum sağlayacak olan anneanne ve babaannedir. Çalışmadıkları, emekli oldukları, bir karı bir koca kaldıkları için torunlarına ayıracak zamanları, sabırları ve tecrübeleri vardır. Bakıcı gibi bebeğe maddi gelir karşılığında bakmadıkları için torunlarına içlerinden gelerek, sevgilerini de katarak hizmet verirler.

Anneanne ve babaanne arasında seçim yapmak gerektiğinde, babanın da onayı alınarak, anneanne tercih edilmelidir. Çalışan anneler, ev düzenine ve karı koca arasındaki ilişkilere kaynanalarının karışmasını istemezler. Kendi annelerinin eleştirilerine ve nasihatlerine alışık oldukları için daha kolay katlanırlar.

Anneannenin bebeğe bakmayı kabul etmesi yetmez. Bebeğe nerede, hangi saatler arasında ve ne kadar süreyle bakacağı sorusu gündeme gelir. Kimi büyükanneler kendi ev düzenlerini bırakıp gelmek istemez, anne babadan bebeği kendi evlerine getirmelerini isterler. Bebeği her gün getirip götürmek zor olacağından hafta içi büyükannede, hafta sonu kendi evinde kalacak/bakılacak şekilde bir çözüm üretilir.

Çocuk okula başlayacak yaşa gelinceye kadar bu sistem devam eder. Çocuğun büyükanneden, büyükannenin çocuktan ayrılması kolay değildir. Anne baba, o yaşa gelinceye kadar zamanın büyük bir bölümünü büyükannenin ve dedenin yanında geçirmiş olan çocuğunu tanımakta ve iletişim kurmakta zorlanırlar. Bu ve benzeri uyum sorunlarının yaşanmaması için bebeğin kendi evinde bakılması sağlanmalı, büyükanne ve dede bu konuda ikna edilmelidir. Yeni yapılan evlerde/dairelerde ebeveyn odası ve banyosu bulunmaktadır. Bu geniş aileyi yaşatma adına iyi bir gelişmedir.

Genç anne babalar, ev düzenine ve çocuk eğitimine fazla müdahale ediyorlar diye büyükanne ve dedeyi (aile büyüklerini) istemiyorlar. Gelin kaynana arasındaki tartışmaların çoğu kaynanaların ev işlerine ve çocuk bakımına fazla müdahale etmelerinden, evi yönetmeye kalkmalarından kaynaklanmaktadır. Anne baba, aile büyüklerini bu konuda uyardıkları zaman aile büyükleri alınganlık göstermekte, üzülmekte "biz ev yönetmedik mi, biz ne yapıyorsak sizin iyiliğiniz için yapıyoruz, biz çocuk/sizleri büyütmedik mi" şeklinde kendilerini savunmaktadırlar.

Anne baba okullarında aile büyüklerine diyoruz ki: Sizden yardım istemedikleri ve akıl danışmadıkça sürece gençlerin ev işlerine karışmayın. Sahaya atlayan seyirci gibi olmayın, bırakın genç evliler oyunlarını oynasınlar. Torunlarınızı sevmeye hakkınız var, ancak çocukları eğitmek kendi anne babalarının hakkıdır. Elbette, torunlarınızın anne babalarını siz yetiştirdiniz, siz eğittiniz; ancak sizin zamanınızın şartları ile bu zamanın şartları aynı değildir.

Siz televizyonun, bilgisayarın, internetin olmadığı bir zamanın anne babalığını yaptınız. Televizyonun, bilgisayarın, akıllı cep telefonlarının ve internetin çocukların hayatına girdiği bu modern zamanda çocuk eğitmek daha da zorlaştı. Hz. Ali Efendimiz: 'Çocuklarınızı içinde bulundukları zamana göre eğitin' diyor. Anne baba çocuklarının davranışlarına sınır koyarken ve onlar üzerinde disiplin kurmaya çalışırken müdahale etmeyin, torunları koruma altına alarak ve her isteklerini yerine getirerek anne babanın işini zorlaştırmayın.

Bakıcıya Karar Verildiğinde

Bebeğe büyükanne, hala, teze gibi kan bağı olan birinin bakması mümkün olmadığı ve annenin çalışmak zorunda kaldığı durumlarda zorunlu olarak bakıcı seçeneği gündeme gelecektir. Bakıcı aramaya karar verildiğinde anne baba acele etmemeli, aşağıdaki hususları göz önünde bulundurmalıdır.

➜ Bakıcı yaş, boy, kilo, yüz görünüşü ve kişilik yönünden anneye benzemelidir. Çocuğun ruh sağlığı açısından bakıcının kişiliği özellikle çok önemlidir.

➜ Çocuğa bakacak kişi akraba da olsa çocuğun bakımı ve eğitimi konusunda anne baba, prensiplerini açıkça dile getirmeli; bakıcıdan bunlara uymasını istemeli.

➜ Çocuğu bakıcıya götürüp getirme işinin kolay olması için mümkünse yakında oturan bir bakıcı tercih edilmeli.

➜ Çocuğun anneden kopmaması için geceleri ve hafta sonları kendi evinizde kalması sağlanmalı.

➜ Çocuğa bakacak kişi dışarıdan biri ise bakım ücreti ve çocuğun masrafları konusunda detaylı olarak görüşülmeli, anlaşma sağlandığında bunlar yazılı hale getirilmeli.

➜ Anlaşma yapmadan önce komşularından bakıcının

kişiliği ve ailesi hakkında bilgi toplanmalı.

➜ Çocuğu bakıcının evine götürüp getirme zor olacağı ve zaman kaybına yol açacağı için bakıcıyla anlaşma yaparken çocuğa kendi evinde bakması sağlanmalı.

➜ Doğru insanın seçildiğinden emin olmak için habersiz olarak bakıcı bir bahane ile evinde ziyaret edilmeli; aile yapısı, eşiyle ve çocuklarıyla ilişkisi gözlenmeli.

➜ Bakıcı, çocuk eğitimi ve psikolojisi konusunda bilgi sahibi olmalı.

➜ Sağlıklı, bakımlı, temiz, düzenli, sabırlı ve doğru sözlü olmalı.

➜ Katı kuralcı, sabit fikirli ve asık suratlı olmamalı.

➜ Alkol ve sigara kullanmamalı.

➜ Geçmişe yönelik sabıkası olmamalı.

➜ Kimi aileler hizmetçi tutmakta, ona bir oda tahsis ederek evde yatıp kalkmasını, ev işlerine ve çocuğa bakmasını sağlamaktadır. Bu çözüm aile mahremiyeti ve çocuk ruh sağlığı açısından sakıncalı görülmektedir.

➜ Bakıcının yerine getirmesi gereken sorumluluklar ve işler önceden belirlenmeli, yazılı hale getirilmeli.

➜ Bazı aileler, bakıcının yapacağı işleri önceden yazılı hale getirmedikleri için bakıcıdan çocuk bakımına ek olarak ev hizmetleri de istemekte.

➜ Çocuğun bakıcıya alışması için anne yeterli bir süre iş

yerinden izin alarak çocuğa birlikte bakmalı. Çocuk bakıcıya alıştıktan sonra anneden ayrı kalmayı daha kolay kabullenecektir.

➜ Türkiye şartlarında annenin yerini tutacak bir bakıcı bulmak kolay değildir.

➜ Çalışan anne, iş saatleri içinde, belli zaman aralıklarında izin alarak bir bahane ile çocuğun bakıldığı eve uğramalı, bakıcının görevini doğru yapıp yapmadığını kontrol etmeli.

➜ Çocuğun bakıcıya karşı tutumu iyi bir ipucudur. Eğer çocuk bakıcıya teslim edilirken korku belirtileri gösteriyor ve bakıcıdan gözünü kaçırıyorsa; çocuğa fiziksel ve sözel şiddet uyguladığından şüphe etmek gerekir.

➜ Çocuğun elinde, yüzünde, ayaklarında kollarında, vücudunda morluklar ve darp izleri varsa; anne ve baba kontrollerini sıklaştırmalı; gerekirse bakıcının haberi olmadan çocuk odasına gizli kamera yerleştirip kayıtlı gözetleme yapılmalıdır.

➜ Çocuklar, yeni emeklemeye ve yürümeye başladığında sık kaza yapar. Bu tür küçük kazalarla bakıcının fiziksel şiddetini birbirinden ayırmak gerekir.

Çocuk İçin Uygun Olmayan Yol ve Yöntemler

Çalışan anneler bazen daha pratik olduğunu düşünerek çocuk ruh sağlığı için uygun olmayan çözümler üretirler. Bu çözümler çoğu zaman çocuğun anneye, annenin de çocuğa yabancılaşması şeklinde sonuç vermektedir. Öyle ki çocuk annenin yanında iken anne çocuğa nasıl davranacağını, nasıl söz geçireceğini bilememekte; anne ile çocuk bir çatışma ortamına girmektedir. Uygun olmayan bu yöntemleri kısaca şöyle sıralayabiliriz:

Çocuğun sürekli olarak bakıcı annenin (anneanne veya babaanne) yanında kalması, anne ve baba fırsat buldukça (hafta sonlarında ve tatillerde) çocuğu ziyaret etmeleri.

Çocuğu hafta başında (Pazartesi sabahları) bakıcı anneye bırakıp hafta sonlarında (Cuma akşamları iş dönüşünde) almaları, çocukla hafta sonları birlikte olma.

Çocuğun sabahları işe giderken bakıcı anneye bırakılması, akşam anne veya baba iş dönüşü almaları.

Çocuğun aynı şehirde olmayan bakıcı anneye bırakılması, anne baba fırsat buldukça (hafta sonları ve tatillerde) çocuğu görmeye gitmeleri.

Çocuğun okul çağına kadar bir aile büyüğünün yanında büyümesi, okula gidecek yaşa gelince anne baba tarafından alınması.

Çocuğun ehil olmayan, sadece para için çalışan bir bakıcı tarafından bakılması.

Bakıcıların sık değiştirilmesi, çocukta bakıcıya güvenme ve bağlanma sorunu yaşaması.

Çocuğun sabahları bakıcının evine bırakılması, akşamları iş dönüşü anne veya baba tarafından alınması.

Çocuğun kendisinden daha büyük bir kız kardeş tarafından bakılması, ancak bu kız kardeşin henüz çocuğa bakma sorumluluğunu üstlenecek yaşta olmaması.

Çocuğun ehil olmayan bakıcılarla çalışan ucuz bir kreşe ve bakımevine verilmesi

Bütün bu çözümler içinde en uygun olanı anne baba ile aynı evde oturan çocukla kan bağı olan yakın bir akraba, tercihan anneanne, tarafından bakılmasıdır. Çocuk kendisini seven biri tarafından bakılacağı için güven ve bağlanma sorunu yaşamayacaktır. Ancak bunun da bir riski var. Anneanne çocuğu kendi yöntemleriyle eğitecek ve çoğu zaman şımartma eğilimi gösterecektir. Bu durumda anne ile anneanne arasında eğitim konusunda görüş ayrılığı olacak, çocuk da bundan yararlanacak, kendisine taviz veren anneanneye yakınlaşacak, annenin sözünü dinlemeyecektir. Anne, anneanneyi uyarma gereği duyduğunda anneanne alınganlık gösterecek, "biz sizi büyütmedik mi" diye tepki gösterecektir.

Eğitimcilerin ve çocuk psikologlarının ortak görüşü ilk

üç yılı, hiç olmazsa ilk iki yılı, çocuğun kendi annesi tarafından bakılmasıdır. Çünkü anneye güvenme ve bağlanma ilk üç yıl içerisinde gerçekleşmektedir. Çalışan anneler, mümkün olduğu sürece ilk iki yılı ücretsiz izin alarak çocuklarına kendileri bakmalı. Ama bu mümkün olmadığında en uygun çözüm yakın bir akrabanın veya güvenilir bir bakıcının çocuğa çocuğun evinde bakmasıdır.

Bebeksi Konuşmakta Israr Eden Çocuk

Bir anne, 4 yaşlarında, çocuksu konuşmasını terk etmeyen oğlunu bize getirdi. "Ne yaptıysam bir türlü bebeksi konuşmasını terk ettiremedim" diyordu. Çocuk, daha içeri girdiğinin ilk birkaç dakikasında sıkılmış: annesinin kolundan çekiştirerek "gidelim" diyordu. Önüne koyduğum oyuncaklarla hiç ilgilenmiyordu. Anne çocuğun davranışları karşısında mahcup olmuş, özür diliyordu.

Anne ile yaptığımız görüşmede şu bilgilere ulaşmıştık: Anne emniyet teşkilatında çalışıyordu, zor bir işi vardı. Evlendiklerinin ikinci senesinde kocasının işleri bozulmuştu. Giriştiği yüklü bir ihracat işinde zarar etmiş, borçlarını ödeyemez duruma gelmiş, atölyenin kapısına kilit vurup başkasının yanında ücretli çalışmaya başlamıştı. Ancak iflas ettiğini ve başkasının yanında işçi olarak çalıştığını bir türlü hazmedemiyor, akşamları çoğu zaman eve içkili geliyordu.

"Talihsiz oğlumu tam da babasının iflas ettiği sene dünyaya getirdim" dedi anne. "Süt izni bittikten sonra bakıcı tutacak ya da kreşe verecek paramız yoktu. Maaşım ancak ev kirasına ve geçinmemize yetiyordu. Annemi çağırmaktan başka çarem kalmamıştı. Sabahları çocuğumdan ayrılırken sanki içimden bir şeylerin koptuğunu hissediyordum.

Kendimi bir türlü işe veremiyordum. Amirlerim, içimde ne fırtınalar koptuğunu bilemezlerdi. Hazırladığım evraklarda, üst üste yaptığım yanlışlar yüzünden bir hayli azar işitiyordum. Belki beni anlar diye müdür beye aklımın çocuğumda olduğunu, bu yüzden dikkatimi işe veremediğimi söyledim. Müdür bey kaşlarını çatarak, 'çalışan tek anne sen misin, bunu çocuk yaparken düşünseydin' dedi. Çok üzüldüm. Çalışıyorum diye anne olmaya hakkım yok mu?

Anne anlatırken ağlamamak için kendisini zor tutuyordu. "Annem memlekette yaşlı babamı bırakıp gelmişti. Onun da yardıma ihtiyacı vardı. Sık sık telefon edip annemin gelmesini istiyordu. Kadıncağız iki arada bir derede kalmıştı. 'Babam da gelsin' dedim. 'O bağ-bahçe işine alışık; apartmanda yaşayamaz' dedi. Hizmetçi tutacak kadar paramız yoktu. Annem giderse ne yapardım. 'Torunumu verin, kendimle götüreyim' diyordu. Çocuğumdan nasıl ayrılabilirdim. Psikolojik dengem iyice bozulmuştu. Bu sıkıntılı günler sırasında sütüm de kesilmişti. Çocuğumu hazır mamalarla beslemek zorunda kalıyordum. Kocam işin farkında değildi. Onun aklı fikri bozulan işinde, ödemek zorunda olduğu borçlarında idi.

Annemin teklifini kabul etmekten başka çarem kalmamıştı. Çocuğumdan ayrıldığım günkü kadar acı çektiğimi hatırlamıyorum. O gittikten sonra ev bana çok soğuk ve sessiz geliyordu. Çocuğumdan ayrılmama sebep babasıymış gibi eşime kin duyuyordum. İşleri bozulmasaydı çocuğumdan ayrılmak zorunda kalmayacaktım. Elimde olmayarak, eşime karşı soğuk davranıyordum. İşlerinin bozulmasının üzerine benim soğuk davranmam da eklenince adam iyice dengesini kaybetti. Eskiden ara sıra içerken, her gece eve sarhoş gelmeye başladı.

Çocuğumun ayrılığına hiç alışamadım. Her fırsatta onu görmeye gittim. Böylece dört sene geçti. Babam, yaşlılığın verdiği hassasiyetten olacak, çocuğun gürültüsüne tahammül edemiyordu. Annem de yaramazlık yapmasın, gürültü çıkarmasın diye her dediğini yapıyor, onu şımartıyordu. Çocuksu konuşmaları babamın ve annemin hoşuna gittiği için onu taklit ediyor, onun gibi konuşuyorlardı. Dört yaşına geldiği halde çocuksu, peltek konuşması devam ediyordu. Annem işin farkında değildi. Onu düzgün konuşması için uyardığım halde 'önemli değil, böyle konuşması hoşumuza gidiyor, nasıl olsa bırakır' diyordu.

Çocuğum bana değil, anneannesine "anne" diyor. Annem, üzüldüğümü fark ettiği halde bundan hoşlanıyor: 'Bana anne dediği için kıskanıyorsun değil mi?' gibi sözlerle memnuniyetini ifade ediyor. Kim bilir, belki o da annelik hissini tatmin ediyor. Ama benim ne kadar acı çektiğimin farkında değil. Çocuğuma söz geçiremiyorum. Beni hiç dinlemiyor, yanımdayken sıkıldığını söylüyor. Anneannesine gitmek istiyor. Çocuğuma kızamıyorum, onun da bir suçu yok. Annelik görevimi yerine getiremedim. Ne yapacağımı, nasıl davranacağımı bilmiyorum. Size danışmaktan başka çarem kalmadı."

Anne her şeyin farkındaydı, ama yapabileceği fazla bir şey yoktu. Çalışmak zorundaydı. Çocuğunu kendisi büyütemediği için büyük bir suçluluk duyuyordu. Anneye önce bu suçluluk duygusundan kurtulması gerektiğini söyledik ve şu tavsiyelerde bulunduk: "Anneniz de çocuğunuz da sizin bu suçluluk duygunuzu kullanıyorlar. Annenizle bizi görüştürün, ona nasıl davranması gerektiğini biz anlatalım. Yüz yüze olmasa bile telefonla görüşmemizi sağlayın. Çocuk doğruyu yanlışı bizim koyduğumuz sınırlarla öğrenir. Çocuğunuzla birlikte iken normal bir anne gibi davranın. Gerektiğinde uyarmaktan ve sınır koymaktan çekinmeyin. Çocuğun hoşuna gitmese de kendisini sevdiğiniz için sınır koyduğunuzu bilir."

Görüşmemiz sırasında anneye çocuğunu yanına almasını, çünkü kendi ihtiyaçlarını giderebilecek ve anaokuluna gidebilecek yaşa geldiğini, anaokuluna gidince bebeksi konuşmalarından vazgeçebileceğini, kurallara uymayı öğreneceğini, sosyalleşeceğini söyledik. Eşine karşı da anlayışlı olmasını, onu suçlayarak durumu daha da kötüleştireceğini hatırlattık.

Anne bizi dinledikten sonra rahatlamış görünüyordu. Onu asıl üzen şey suçluluk duygusuydu. Bunu kendisine fark ettirmemiz işe yaramıştı. Görüşmemizin çok olumlu geçtiğini, bizi tekrar arayıp gelişmelerden haberdar edeceğini söyledi.

Çocuğun Sosyalleşmesinde Anaokulunun Katkısı

Çocuk 3 yaşından sonra artık ayağa kalkmış, söz diliyle ihtiyaçlarını dile getirebilmektedir. Yemeğini yardımsız yiyebilmekte, dişini fırçalamakta, elini yüzünü yıkamakta, tuvalet ihtiyacını giderebilmektedir. Bu kişisel becerileri annenin sevgi ve şefkat dolu yaklaşımı ve yardımıyla kazanan bir çocuk anneye güvenmiş ve bağlanmış, dolayısıyla anneye olan ihtiyacı ve bağımlılığı büyük çapta azalmıştır. Ücretsiz izin almış olan çalışan bir anne artık çocuğunu bir okul öncesi eğitim kurumuna gönderebilir ve işine dönebilir.

Yuva ve anaokulu gibi okul öncesi eğitim kurumları çocuğun sosyalleşmesinde etkili olmaktadır. Çocuk yaşıtları arasında birlikte oynamayı, paylaşmayı, yardımlaşmayı, kurallara uymayı öğrenmektedir. Tek çocuğun annenin gölgesinden çıkmasında ve özgüven kazanmasında okulöncesi eğitim kurumlarının katkısı büyüktür. Ancak bu eğitim kurumu profesyonel ve güvenilir olmalıdır. Büyük şehirlerde, maalesef, ticari amaçla kurulmuş, bir apartman dairesine sıkışmış, ehil olmayan personelle çalışan yuva ve anaokullarının sayısı oldukça fazladır.

Anaokuluna başlayan bir çocuğun anneye olan bağımlılığı azalmış, ancak ona olan ihtiyacı devam etmektedir. Gerçekte anneye olan manevi ihtiyaç ömür boyu sürmektedir. Bir zamanlar Zeki Müren'in okuduğu bir şarkıda bu gerçek çok güzel dile getirilir: "Anne başa taç imiş, her derde ilaç imiş. Bir evlat pir olsa da anneye muhtaç imiş."

Yuva ve anaokuluna giden ve annesi çalışan bir çocuk annenin sevgisinden ve ilgisinden emin olmak ister. Annesi tarafından sevildiğinden emin olan ve kendisine değer verilen çocuk fazla "anneden ayrılma sıkıntısı" yaşamaz. Çocuk, sabahları okula annesi tarafından götürülmek veya uğurlanmak, okul dönüşü karşılanmak ister. Okulda neler öğrendiğini, neler yaşadığını annesiyle ve babasıyla paylaşmak ister. Bu isteklerinin karşılanması için anne ve babanın ona zaman ayırması gerekir.

Yuva ve anaokulu çocuğu, özellikle yuva çocuğu, eve dönüş saatini dört gözle bekler. Bakıcı ve eğitmenlerine ısrarla "anne saati ne zaman, anne ne zaman gelecek" diye sorar. Servisle evine bırakılan çocuklar evde annesinin veya bir aile üyesinin kendisini karşılamasını ister. Okul dönüşü evde bakıcıyla ya da tek başına kalan bir çocuk kendisini güvensiz hisseder. Anaokulunun görevi bir anlamda çocuğa sorumluluk kazandırmak ve ilkokula hazırlamaktır. Bununla birlikte çalışma alışkanlığı ve sorumluluğu kazanabilmesi için annesi veya babası tarafından motive edilmesi ve desteklenmesi gerekir.

Ders çalışırken ya da ödev yaparken anlamadığı bir konuyla ya da soruyla karşılaştığında evde kendisinden yardım isteyeceği bir aile üyesinin bulunması gerekir. Evde tek başına anne ve babanın işten dönmesini bekleyen bir çocuk bu haktan mahrum demektir. Eğer bu çocuk okulöncesinde sorumlu ve bağımsız bir kişilik kazanamamış ise anne ve babanın işten eve dönüşünü beklerken zamanını bilgisayar oyunlarıyla veya televizyon izleyerek geçirecektir. Bu durumda çalışan anneyi yemek, bulaşık ve ev işlerinin yanında bir de çocuğun dersiyle ve ödeviyle ilgilenme bekleyecektir.

Ergen Çocuk ve Çalışan Anne

Ergen çocuğun artık büyüdüğü, kendisini kurtardığı, annesine ihtiyaç duymadığı zannedilir. Tam aksine, belki de en çok anne baba desteğine ihtiyaç duyduğu dönemdir ergenlik. Ergenlik çağının en önemli çabası kimlik arayışıdır. Ergenin kendine has bir kimlik kazanabilmesi için kişilik özelliklerinin farkına varması, bu özelliklerin gerçekleşmesini engelleyen her türlü olumsuz şartlarla mücadeleye girişmesi gerekmektedir. Başarılı olduğu sürece öz güveni artar, kendisini değerli hisseder. Başarısızlığa uğradığı veya engellendiği zaman hırçınlaşır, saldırgan davranışlarda bulunur. Ergenin yeteneklerini keşfetmesi, başkalarından farklı olduğunu görmesi için ailenin dışına çıkması gerekmektedir. Anne baba çoğu zaman gencin bağımsızlık isteğini aileden kopma olarak değerlendirir. Hâlbuki gencin amacı aileden kopmak değildir. O dış dünyayı, diğer insanları tanımak istemekte, ailenin içinde olduğu kadar toplum içinde de bir yer edinmek istemektedir.

Çocukluk yıllarında yeterince güven duygusu kazanamayan bir ergen, kimlik arayışı sırasında karşılaştığı engelleri gözünde büyütür, aşılamaz olarak görür. Başaramayacağı korkusuyla geri çekilmeyi tercih eder. Eğer anne baba çalıştıkları halde ergenlik çağına kadar çocuğuna zaman ayırmış, onu dinlemiş, arkasında olduklarını hissettirmişler ise, engeller karşısında anne babanın desteğini arkasında hissedecek gözü korkmayacaktır.

Evden Kaçan Liseli Genç

Özel bir kolejde lise birinci sınıfta burslu okuyordu, başarılı ve zeki bir çocuktu. Babası sık sık evden kaçarak uzak bir semtte oturan teyzesine gitmesinden şikâyetçiydi. "Başarılı bir çocuk olması için hiçbir masraftan kaçınmadık. En iyi okullara gönderdik. Özel öğretmenler tuttuk." diyordu baba. "Teyzesi olacak o kadın oğlumun başarılarını kıskandığı için bizden uzaklaştırmaya çalışıyor. Neymiş kendi oğlu gibi seviyormuş. Teyzesine gitmesini ve teyzesinin oğluyla görüşmesini yasakladım, ağır cezalar verdim, ama bir işe yaramadı. Umarım siz çocukla konuşur bir çözüm bulursunuz"

Babaya sorduk:

-"Sizce oğlunuz neden evden kaçıyor?"

Cevabı kısaydı:

-"Bence evden kaçmıyor, sorumluluktan kaçıyor. Sanırım dersler zor gelmeye başladı."

-"Kendisiyle konuştunuz mu?"

-"Neyi?"

-"Niçin evden kaçtığını? Neden sizden izin almadan teyzesine gittiğini?"

-" Canı sıkılıyormuş, teyzesinin oğlu ile iyi vakit geçiriyormuş."

-"Peki, izniniz olursa bir de oğlunuzla yalnız konuşalım."

Baba çıkarken, oğlu içeri girdi. Babasına kızgın bir bakış fırlattığını fark ettik. En sağlıklı bilgileri gençle konuşurken alabildik. Konuşurken hep gülümsüyordu. "Baban seni seviyor, başarılı bir genç olmanı istiyor" dediğimizde yine gülümsedi. "O beni değil, başarılarımı seviyor. Arkadaşlarına benim oğlum şöyle zeki, benim oğlum şöyle başarılı diye hava atıyor. Ben onun gözünde ders çalışan bir makineyim. Yüksek notlar getirirsem seviniyor, düşük not aldığım zaman kızıyor. Benim için yaptığı fedakârlıkları sayıp duruyor. "

Gençle yaptığımız görüşmede annesinin çalıştığını, kendisine anneannesinin baktığını, evin tek çocuğu olduğunu öğrendik. Kibar ve saygılı bir çocuktu. Ancak babasından bahsederken saygılı bir dil kullanmadığını fark ettik. Sebebini öğrenmek için: "Sanırım babanı fazla sevmiyorsun" dedim. Yüzü kızardı, bakışlarını pencereden tarafa çevirdi. "Konuştuklarımız tamamen aramızda kalacak, hiç endişen olmasın" dedim. "Aslında babamı severim, seviyordum daha doğrusu. Subay olması, askerle konuşur gibi konuşması değil beni üzen" dedi ve sustu.

-"Nedir peki seni üzen?"

-"Annemle çok kavga ediyorlar."

-"Neden kavga ediyorlar?"

-"Niçin kavga ettiklerini biliyorum, ama onlar bilmediğimi zannediyor."

Bir süre sustu. Ben de sustum. Yüzüme baktı. Sanırım bana güvenip güvenmeyeceğinden emin olmak istiyordu. "Babam annemi aldatıyor" dedi ve ağlamaya başladı. Koca delikanlı çocuk ağlıyordu.

Niçin evden kaçtığı belli olmuştu. Konuştuklarımızın aramızda kalacağına söz vermiştik. Zor bir durumla karşı karşıyaydık. Babaya oğlunun evden kaçış sebebini nasıl açıklayacaktık?

Çalışan Anne Psikolojisi

Toplumumuzda çalışan bir bayanın çocuğuna ve evine yeterince zaman ayıramadığı için annelik görevlerini tam olarak yerine getiremeyeceğine dair bir ön yargı vardır. Bu ön yargının etkisinde kalan çalışan anne, suçluluk duygusuna kapılmakta, iş dönüşü bütün zamanını çocuk bakımı ve ev işlerine ayırarak bir ev hanımından daha fazla enerji harcamakta ve yorgun düşmektedir. Ancak bu ağır tempoyu uzun süre devam ettirememekte, aşırı yorgunluk sonucu stresli bir kişilik kazanmaktadır. Çalışan anneler bu suçluluk tuzağına düşmemeli, önceliği çocuğunun ihtiyaçlarına vermeli, ev işlerinde eşinden ve diğer aile üyelerinden yardım istemelidir.

İletişim uzmanı bir hocamıza çalışan bir anneden gelen mektup yürek sızlatacak kadar içli ve duygusal. Mektubun bir bölümü şöyle: "Biri 5,5 diğeri 2,5 yaşında iki erkek çocuk annesiyim. Çalışmak beni hayatta önemli hissettiren bir meşgale, ancak çalıştığım zaman kendimi önemli hissediyorum. Sizinle paylaşmak istediğim ülkemde çalışan ve çocuklu bir anne olmanın ne kadar zor olduğu konusu. Çalışan çocuklu anne olmanın benim yaşamımda en önemli zorluğu diğer kadınların, özellikle çalışmayan kadınların, beni eleştirmesi oldu. Zaten içten içe çekiştiğim bir vicdanım varken ve onu bastırmaya çalışırken, çalışmayan annelerin beni dolaylı olarak kötü anne olarak eleştirmeleri ve moralimi bozmaları dayanamayacağım bir yük gibi geliyor.

Ben her iki oğlum 9 aylık olduğunda çalışma hayatıma geri döndüm. İnanın iş-çocuklar ev işleri hiç bir şey beni etrafımdan en yakın tanıdıklarımın desteksizliği ve eleştirileri kadar yormadı. En zor günlerimi inatla atlattım. Ancak o kadar çok inat edip içime attım ki artık bu durum işime ve psikolojime yansıdı. Kendimi yeteri kadar başarılı göremez, her şeyi yarım yarım yaptığımı düşünür hale geldim. Çalıştığım şirkette üst yönetimde olduğumdan artık iş yerimdeki problemleri de büyütüp kafaya takan ve sıkıntı yapan bir insan oldum. Bu sebeple en sonunda bir ay önce yönetimle konuşarak işyerimden ayrıldım. Çalışan anne (çocukları ile yeterince ilgilenmeyen anne) olma durumu beni o kadar çok yordu ki, kendimi anne olma (çalışmayan kadınlara göre gerçek anne) olma durumunu kabullenmiş olarak evimde buluyorum."

Çalışan Annede Endişe ve Suçluluk Duygusu

Anne işe gitmek için kapıdan her çıkışta, bebeğinin/çocuğunun tehlikede olduğunu, yanında olmadığı için bu tehlikeyi önleyemeyeceğini, dolayısıyla onu koruyamayacağını düşünür, çocuğunu kaybetme endişesi yaşar. İşte olduğu süre içinde başkasına emanet ettiği kişinin, bu kişi öz annesi de olsa, ona iyi bakamayacağını, beslenmesini ve temizliğini ihmal edeceğini düşünür, kaygı duyar. Fırsat buldukça evi arayarak bakıcıdan çocuğu hakkında bilgi alır. "Çocuğum şu anda ne yapıyor? Uykusunu aldı mı? Mamasını yedirdin mi? Bezini değiştirdin mi?" sorular birbirini takip eder. Bakıcı annenin kendisine güvenmediğini düşünür. Annedeki bu endişe bakıcı tarafından kendisine güvenilmediği duygusu uyandırabilir. "Madem bana güvenmiyor, neden daha çok çalışayım, neden çaba göstereyim" şeklinde düşünebilir. Bu da hizmet kalitesinin düşmesine yol açabilir.

Çalışan anne, çocuğuna karşı doğal davranmalı, ona yeterince zaman ayıramadığı endişesi ile her isteğini yerine getirerek şımarmamalı. Gerektiğinde onaylanmayan davranışlarına sınır koymalı, kapris ve saygısızlık yapmasına izin vermemeli, hazıra alıştırmamalı, sorumluluk almasını ve kurallara uymasını sağlamalıdır.

Çocuk annenin ve babanın ortak meyvesidir. Çocuk eğitiminden anne kadar baba da sorumludur. Ancak Türk toplum geleneğinde babaların ev işlerinde ve çocuk bakımında anneye yardımcı olması pek hoş karşılanmaz. Anadolu'da, küçük şehirlerde eşine yardımcı olan beyler, erkekler arasında alaya alınır ve "kılıbık" olarak isimlendirilir. Ancak büyük şehirlerde, eşlerden ikisinin de çalıştığı memur ailelerde, erkekler ev işlerinde eşlerine yardım etmekte, onların yükünü hafifletmekte, böylece geleneksel sert erkek imajının yerini yumuşak erkek imajı almış bulunmaktadır.

Çalışan Anne İş ve Aile Arasındaki Dengeyi Sağlayabilir mi?

California Üniversitesinin Berkeley kampüsünde gerçekleştirilen araştırma sonuçlarına göre, evde aldıkları sorumluluklar çalışan anneleri yeterli ölçüde tatmin ettiğinden profesyonel anlamda terfi ve yönetici pozisyonlarında görev alma konusuna özel bir ilgi veya enerji harcamıyorlar. Evde karar verici olmak erkeklerin profesyonel iş hayatlarına olumsuz yönde bir etki etmiyor.

Araştırmacılar kadın-erkek eşitliği alanında yıllardır süren çabalara rağmen, kadınların çocuk büyütme, ev işleri ve ev ekonomisi gibi konulara, erkeklerin ise mesleki uzmanlık alanlarına yoğunlaştığını ortaya koyuyor. Çalışan annelerin iş ve kariyer hayatına gereğinden fazla ilgi göstermeyişlerinin temelinde suçluluk duygusu yatıyor. Çalışan annelerin suçluluk duymasında iki büyük sıkıntı rol oynamaktadır: Çocuklarına yeterince zaman ayıramamak, evin ve mutfağın düzensiz ve kirli olması.

Çalışan anne uzun saatler işte çalıştıktan sonra evine çocuklarının yanına koşuyor. Yemek, ev işi derken kısa süre çocuklarını gördükten sonra yorgun argın günü bitiriyor. Akşam eşiyle karşılıklı oturup sohbet etmeye, yapılması gereken işleri, faturaları, taksitleri, çocukların okulu gibi konuları konuşmaya zamanı olmuyor. Çift olarak bir akşam yemeğine çıkmak, sinemaya gitmek, aile büyüklerini ziyaret etmek kırk yılda bir mümkün oluyor. Sonuçta, karı kocanın evlilikten aldığı tatmin azalıyor, ilişkiler sıradanlaşıyor ve mekanikleşiyor.

İş ve sosyal güvenlik alanlarında yeterli iyileştirme yapılmadığı için çalışan anneler aynı iş kolunda çalışan erkeklerle rekabet edemiyorlar. Örneğin, işe alımda genç kıza evlenip evlenmeyeceği, evli kadına ise, çocuk yapıp yapmayacağı açıkça soruluyor. Kadınlar, istedikleri işi kaçırmamak için 'önümüzdeki 2 yıl çocuk yapmayı düşünmüyorum' ya da 'evlilik benim için çok uzak, ben işimle evliyim' gibi ifadeler kullanmak zorunda kalıyorlar.

Annelerde Öfke Kontrolü

Öğretmenlere öfke kontrolü semineri verdiğim sırada bir bayan öğretmen el kaldırdı: "Hocam, benim öğretmen olarak değil, anne olarak öfke kontrolüne ihtiyacım var. Okulda farklı ailelerden gelen, farklı eğitim alan, farklı kişilikte 30-40 çocuğa katlanıyorum, evde iki çocuğa katlanamıyorum; neden böyle oluyor?" Diğer bayan öğretmenler de onu tasdik ettiler: "Evet, gerçekten, bizim için de durum aynı." Aynı soruyu tekrarladılar: "Neden böyle oluyor?"

Çalışan annelerin bu sorusu anne baba okulunda bir annenin sorusunu hatırlattı. Bir anne el kaldırıp söz istemişti. "Hocam, demişti, benim kocam 10 yıllık öğretmendir. Okulda 40-50 öğrenciye katlanır, mesleğinden yakınmaz, ama evde üç çocuğa katlanamaz, hemen sinirlenir, bağırmaya başlar. Neden böyle oluyor?" Cevabımda: "Çünkü roller farklı" demiştim.

Öğretmen annelere de öyle dedim ve açıkladım: "Okulda öğretmensiniz, evde anne. Okulda 30-40 öğrenciye katlanmak zorundasınız, çünkü bu sizin mesleğiniz. Eğitim fakültesinde "sınıf yönetimi" dersinde öğrencilerinizi nasıl yöneteceğinizi, dikkatlerini nasıl derse çekeceğinizi, sınıf içi disiplini nasıl sağlayacağınızı öğrendiniz, uygulamalı eğitimini aldınız. Ancak anne olmak için ciddi bir eğitim almadınız. Çalışan bir anne olarak evde kendi çocuğunuzu nasıl eğiteceğinize ve ona nasıl söz geçireceğinize dair de bir eğitim almadınız. Kendi annelerinizden gördüğünüz gibi çocuk yetiştirmeye çalışıyorsunuz. Anneniz belki çalışan bir anne değildi. Annenin zamanıyla şimdiki zaman çok farklı.

İşten eve döndüğünüzde öğrencilerinize gösterdiğiniz sabrı çocuklarınıza göstermeyişinizde rollerin farklı olmasının yanında başka etkenler de var. Eve sırtınızda bir günün yorgunluğu ile dönüyorsunuz. Akşam yemekleri pişecek. Ev derlenip toparlanacak. Çocuk etrafınızda dolaşıyor, ilgi bekliyor. Dur diyorsunuz durmuyor, sus diyorsunuz susmuyor. Sırtınızdaki yük ne kadar ağırsa, tahammül sınırınız o kadar düşüyor. Bağırıyorsunuz, sinirleniyorsunuz, elinizde olmayarak kulağını çekiyorsunuz, poposuna bir tokat atıyorsunuz. Aslında sizi sinirlendiren çocuğun o anki davranışı değildir, yorgunlukla o davranışa yüklediğiniz anlamdır. Daha genel anlamıyla söyleyelim: Bizi öfkelendiren olay değildir, olaya yüklediğimiz anlamdır.

Annelerde Tahammül Sınırını Zorlayan ve Öfkelendiren Etkenler

➔ Eşler arası uyumsuzluk, kayınvalide baskısı, bakıcı ilgisizliği, evde bütün işlerin anneye bakması gibi temel ailevi sorunlar vardır. Bu sorunlar annenin yükünü artırır, çocuğuna ayıracak zamanı ve sabrı kalmaz.

➔ Anne kendisini hazır hissetmeden çocuk sahibi olmuştur. Yeni evli bir bayan kendisini hazır hissetmeden, kazara hamile kaldığında üzülür, çünkü planında henüz çocuk yoktur, birkaç yıl borçlar bitip rahata erdikleri zaman çocuk yapmayı düşünmektedir.

➔ Çocuğunu dilediği gibi eğitme hakkına sahip değildir. Çalıştığı için işte iken çocuğuna bakıcının veya kayınvalidenin baktığı bir anne çocuğunu dilediği gibi yetiştirme hakkından mahrumdur. Çocuğuna başka bir kadının baktığı anne çocuğunu yeterince tanıyamaz, ona nasıl davranacağını kestiremez. Çalışan annelerden sık duyduğumuz bir yakınma: "Bakıcısının yanında gayet uslu ve söz dinleyen bir çocuk olduğu halde benim yanımda yaramaz, söz dinlemeyen, inatçı bir çocuk olup çıkıyor. Ne yapacağımı bilemiyorum."

➜ Uykusunu yeterince alamayan ve beslenmesine dikkat etmeyen annelerde sabır ve katlanma sınırı düşer, kolayca öfkelenebilir.

➜ Eşi ve aile büyükleri anneye yardımcı olmamaktadır. Toplumumuz henüz çalışan anneye alışık olmadığı için yemek pişirme, ev temizliği, çamaşır yıkama gibi geleneksel ev hanımından beklenen işler çalışan anneden de beklenmektedir. İşten eve yorgun dönen bir kadın bütün bu işlerin yanında çocuğuna ayıracak zamanı kalmaz. Kalan az bir zamanda da yükü artmış, yorulmuş ve tükenmiş olduğundan çocuğuna sabır gösteremez.

➜ İş yerinde ve evde sorumluluklarını yerine getirme çabası içinde yorgun düşen bir anne kendisine zaman ayıramaz, hayattan zevk alamaz, sinirli ve mutsuz bir kişilik kazanmaya başlar. Mutsuzluk ve sinirlilik çocuğuyla olan ilişkiye de yansır.

➜ Annenin kariyer yapma ve işinde ilerleme planları vardır. Kariyer yapmak ve işinde ilerlemek isteyen bir anne eve iş getirmek ve ders çalışmak zorunda kalabilir. İş gezileri, seminerler, toplantılar, sınavlara hazırlık gibi aktiviteler annenin fazla zamanını alacağı için çocuğuna ayıracak zamanı kalmayabilir.

Sonuç olarak çalışan annenin bütün bu ağır yükler altında iyimserliğini ve enerjisini koruması, sorunlar karşısında sabır göstermesi ve öfkesini kontrol etmesi çok zordur.

Öfke Kontrolü Öfkeyi Tanımakla Başlar

Öfkenin kısaca tarifini şöyle yapabiliriz: Engellenme, kıskançlık, korku, değersizlik, çaresizlik, suçluluk, kaygı, haksızlığa uğrama, önemsenmeme, şüphe, güvensizlik, kıskanma, endişe, hayal kırıklığı, saldırıya uğrama, tükenmişlik, ümitsizlik, itilmişlik, terk edilme, taciz edilme, tehdit edilme, tecavüze uğrama, yoksun bırakılma, ihmal edilme ve aşağılanma gibi durumlarda hissedilen, genellikle buna sebep olan şeye veya kişiye yönelik saldırgan davranışlarla sonuçlanabilen oldukça yoğun doğal bir duygudur.

Bilişsel terapinin tespitlerine göre olaylar göründüğü gibi değildir, sizin gördüğünüz gibidir. Olaya anlam kazandıran sizin bakış açınızdır. Örnek: İki kişinin kavga ettiğini, iki kişinin de onları izlediğini düşünelim. Kavga edenlerden birinin diğerini fena halde hırpaladığını varsayalım. Onları izleyen iki kişiden iyi niyetli ve barışçı olanı: "Gel arkadaş şunları ayıralım, ellerinden bir kaza çıkacak" der. Hayatın bir mücadele olduğunu, bu mücadelede güçlü olanların kazandığını düşünen diğer kişi: "Bırakalım kozlarını paylaşsınlar, güçlü olan kazansın, biz de güzel bir kavga izlemiş oluruz" der. Bu örnekten hareketle kavgayı izleyen ikinci kişinin sağlıklı düşünemediğini, duygularını kontrol edemediğini ve kolayca öfkelenen biri olduğunu söyleyebiliriz.

Öfke Ne Değildir?

- Öfke bir problem çözme aracı değildir.
- Öfke bir öç alma ve intikam yolu değildir.
- Öfke başkalarını suçlama biçimi değildir.

Öfke şiddet göstermek ve suç işlemek için bir neden değildir.

- Öfke başkalarını kontrol etme yolu değildir.
- Öfke haklı bir savunma yolu değildir.
- Öfke bir sinirini boşaltma ve rahatlama yolu değildir.

Öfke İle Başa Çıkma Yolları

- Öfkelenmek üzere olduğunuzu hissettiğiniz zaman derin nefes alın, sakinleştirici durum ve manzaraları hayal ederek zihninizde canlandırmaya çalışın. Bu sakinleşmenize yardımcı olacaktır. Derin nefes alıp verirken içinizden tekrarlar halinde "Gevşe!" ya da "Sakin ol!" diyerek kendi kendinize telkinde bulunun.

➜ Öfkenizi bağırarak ve saldırganlıkla değil, sözel olarak ifade etmeye çalışın. Bunu yapabilmek için sizi rahatsız eden şeyin ne olduğunu ve ne istediğinizi düşünün.

➜ Sizi rahatsız eden şeyi muhatabınızı incitmeyecek şekilde anlatın.

➜ Eğer sevdiğiniz kişiyle, eşinizle veya çocuğunuzla belli konuları belli saatlerde konuşuyorsanız ve bu konuşmalar da sizi sinirlendiriyorsa; bu tür konuları konuştuğunuz saati değiştirin. Belki bu konuları yorgun ve dikkatinizin dağınık olduğu ve tahammül sınırının düşük olduğu saate denk geldiği için tartışma öfkeye dönüşüyordur.

➜ Farkında olmadan çok sık kullandığınız önyargılı cümleler haklı olduğunuzu düşündürür ve öfke duygusunu tetikler.

➜ Muhatabınız sizi eleştirdiğinde hemen cevap vermeyin. Eleştiriyi hak etmediğinizi düşünüyorsanız bunu saldırgan bir dil kullanmadan ifade edin. Empati yapın, muhatabınızın sizi neden eleştirdiğini anlamaya çalışın, haklılık payı olup olmadığını düşünün, eleştirinin altında yatan isteğin ne olduğunu bulmaya çalışın.

➜ Eğer çocuğunuzun odasındaki dağınıklık odanın önünden her geçişte kafanızın tasını attırıyorsa, kapıyı kapatın. Sizi öfkelendiren şeylere bakmaktan kendinizi alıkoyun. "Öfkelenmemem için çocuğumun odasını temiz tutması gerekir" demeyin. "Çocuğumun odasını temiz tutması için ne yapabilirim?" diye düşünün. Böylece kızgınlığa yol açan kısır döngüden çıkmış, sorunu çözmeye yönelmiş olursunuz.

➜ Gerilmekte olduğunuzu hissedince gülün ve "bu da geçer" diyerek espri yeteneğinizi kullanın. Bu yaklaşımınız olaya yeni bir bakış açısı ve yeni bir çerçeve kazandıracaktır.

➜ Değiştiremeyeceğiniz durumlar için kızmanın ve öfkelenmenin bir faydası yoktur.

➜ Mantık öfkeden daha güçlüdür. Öfke haklı bir nedene bağlı olsa da, kontrol edilmediğinde çok çabuk mantık sınırlarını aşabilir. Bu yüzden öfkelendiğinizi hissettiğinizde mantığınıza sığının. Tüm dünyanın ve olayların size karşı olmadığını, hayatın iniş ve çıkışları olduğunu, bunların da insanı olgunlaştırdığını düşünün.

Öfke davranışı buz dağının görünen yüzüdür; onun altında mutlaka öfkeye yol açan bir temel duygu vardır. Öfkenin nedenini (öfkeye yol açan temel duyguyu) fark edemezsek öfkeyi kontrol edemeyiz ve öfkeden kurtulamayız. Gerçekte bizi öfkelendiren olay değildir, olaya yüklediğimiz anlamdır. Örnek: Yazılı kâğıdı okuyorsunuz, yan odada 12 yaşındaki kızınız yüksek sesle müzik diliyor, dikkatiniz dağılıyor. "Kızım, müziğin sesini kısar mısın, yazılı kâğıdı okuyorum!" diye seslendiniz. Kızınız müziğin sesini kısmadı, hatta artırdı bile. Eğer: "Bu çocuk neden beni dinlemiyor, dinlemediği gibi bir de müziğin sesini artırıyor" diye düşünürseniz, kızarsınız. Sizi duymadığı ihtimalini göz ardı edersiniz.

Öfke Anında İnsan İki Şekilde Tepki Verir: Kaç ya da Savaş

Bir tehlikeye maruz kaldığımızda veya tehdit edildiğimizde iki şekilde tepki veririz: Ya savaşırız ya da kaçarız. Eğer kendimizde tehlikeye veya tehdide meydan okuyacak gücü bulursak savaşırız. Gücümüzü aşarsa kaçarız.

Bir psikolog arkadaşım anlatıyor: "Tek yönlü bir yolda arabamla ilerliyordum, yolun sonuna az bir mesafe kalmıştı. Karşıdan bir araba yola girdi, bana doğru ilerlemeye başladı. Ellerimle işaret yaparak ters yola girdiğini anlatmaya çalıştım, ama o aldırmadan bana doğru gelmeye devam etti. Arabalar kafa kafaya geldi. Pencereyi açtım: "Kardeşim, ters yola girdin, burası tek yönlü bir yol" dedim. Genç bir delikanlıydı. Sinirle arabasından indi. Elinde sopa: "Yola girdiğimi gördüğün halde geliyorsun, in aşağı da sana ters yolu göstereyim!" dedi.

İki seçeneğim vardı: Ya savaşacaktım ya da kaçacaktım. Hayatım değerliydi ve yapacak önemli işlerim vardı. Karşımda hatasını kabul etmeyen, kavgaya hazır, hayatı ucuz, antisosyal kişilik bozukluğu olan (sosyopat), elinde sopa bir delikanlı vardı. Kaçmaktan başka çarem yoktu. "Özür dilerim delikanlı, sen haklısın, yana çekilip sana yol vereyim" dedim. Rakibini nakavt etmiş boksör edasıyla: "Hah şöyle, adam ol!" dedi ve geri dönüp arabasına bindi, benim yana çekilip yol vermemi bekledi."

Gerçekte Kötü Duygu Yoktur

Bütün olumsuz sonuçlarına rağmen öfkenin kişiyi tehlikelere karşı uyarıcı ve harekete geçirici bir etkisi vardır. Doğada birçok canlının hayatını sürdürebilmesi ve kendisini koruması için tehditlere karşı uyarılması gerekir. Bu uyarı görevini öfke yapmaktadır. Öfke kontrol altına alınabildiği sürece sağlıklıdır ve işe yarar. Öfkenin sağlıklı ve işe yarar olabilmesi için inkâr edilmemesi, bastırılmaması kabul edilmesi, tanınması ve şiddete başvurmadan kontrollü bir biçimde ifade edilebilmesi gerekir.

Gerçekte kötü olay/kötü duygu yoktur. İnancımıza göre «Hayır ve şer Allah'tandır». Bizim için neyin hayır, neyin şer olduğunu bilemeyiz. Çok zamanlar hayır bildiğimiz bir olayın şerle, şer bildiğimiz bir olayın da hayırla sonuçlandığına şahit oluruz. «Hoşumuza gitmeyen, görünürde zararımızla sonuçlanan bir olayda «Vardır bunda da bir hayır» deyip teselli bulmalıyız.

Duygularımız için de durum aynıdır. Kontrol edip iyiye yönlendirdiğimiz zaman, kötü olarak isimlendirdiğimiz duyguların bizi güçlendiren bir işlevi vardır. Bu anlamda öfke kötü bir duygu değildir. Şiddete başvurmadan ifade ettiğimiz zaman tartışmayı ve krizi doğru yönlendirerek çözüm üretebiliriz.

Eğer çocuklarınıza kızarak, öfkelenerek ve tehdit ederek söz geçiriyorsanız veya geçirdiğinizi zannediyorsanız; bilin ki sizden korktukları için karşınıza yalan söyleyen ikiyüzlü davranan, fırsat buldukça kaytaran, sizi aldatan ya da size başkaldıran kişiler olarak çıkacaklardır.

"Sizin en hayırlınız eve geldiğinde ev halkının sevindiği kişidir. En şerliniz ise evden çıktığında ev halkının sevindiği kişidir." Hz. Muhammed

Sen Değişirsen O da Değişir

Evlilik olaylara iki kişilik bakmak demektir. Olaylara tek kişilik baktığınız zaman siz haklı, diğeri haksız olur. Sizin kendinizi mutlu hissetmeniz için onların değişmesi gerekir. Kendinizi değiştirmek aklınıza gelmez, çünkü siz haklısınızdır. Karşı taraf da kendisini haklı gördüğünde değişime direnir, güç savaşı başlar. Evli çiftleri aynı kayıkta seyahat eden iki kişiye benzetebiliriz. Birisi kızıp kayığı salladığı zaman öbürü tutmalıdır. Eğer o da kızıp sallarsa kayık devrilir, yüzme bilmeyen boğulur.

Çinli Gelinin Hikâyesi

Kaynanasından baskı ve şiddet gören bir Çinli gelin hayatından bezmiş, intiharın eşiğine gelmiştir. Son çare olarak akıl danışmak için bitkilerle tedavi eden yaşlı ve bilge bir otacıya gider. Otacı mutsuz gelini dinledikten sonra «Anladığım kadarıyla sen bu kaynanandan kurtulmak istiyorsun» der. Gelin içini çekerek «Evet» der. «Peki, nasıl kurtulmayı düşünüyorsun?» diye sorar bilge kişi. «Bilmiyorum, der gelin, onun için size geldim.» Otacı biraz düşünür gibi yaptıktan sonra: «Ben bir yol biliyorum ve bunun anahtarı da bende» der. Çinli gelin sevinir ve sorar: «Peki, bu nasıl olacak, ondan nasıl kurtulacağım?» Otacı, tezgâhın altından bir torba beyaz toz çıkarır, geline uzatır.

«Kaynananın yemeklerine bu zehirli tozdan her gün bir çay kaşığı koyacaksın. Renksiz olduğu için görülmez, yemeklerin tadını değiştirmediği için yerken fark edilmez. İki ay boyunca her gün yemeklerine bir kaşık bu tozdan koymayı unutma. İki ay sonra kaynanan ölecek, sen de ondan kurtulmuş olacaksın. Ancak kaynanan ve eşinin bu işi fark etmemeleri ve senden şüphelenmemeleri için kaynanana annenden daha fazla ilgi ve sevgi göstereceksin, bir dediğini iki etmeyeceksin ve bunu içinden gelerek yapacaksın."

Çinli gelin bilge otacının verdiği bir torba zehirli tozu alır, teşekkür eder, borcunu sorar. «Borcun yok, der otacı, o zalim kaynanadan kurtulmanda benim de bir katkım olsun.»

Çinli gelin otacının dediği gibi kaynananın yemeklerine zehirli tozdan her gün bir çay kaşığı koyar. Bu arada ona öz annesi gibi davranmayı, severek hizmet etmeyi ve saygı göstermeyi ihmal etmez. Gelin böyle «Anneciğim» diye saygı gösterdikçe, hizmet ettikçe, her türlü çilesine katlandıkça kaynana pişmanlık duymaya başlar.

Bir akşamüstü gelin kaynana karşılıklı oturmuş çay içerken, kaynana gelinin elini tutar: «Sevgili kızım, ben seni yanlış tanımışım, meğer altın gibi bir kalbin varmış. Yaptıklarım için çok pişmanım, beni affet» der. Çinli gelin ağlamaya başlar.

«Neden ağlıyorsun?» der kaynana. «Mutluluktan» der gelin. Kaynana gelinini komşularına ve oğluna över onu sevdiğini söyler; gelenin eşiyle ve komşularıyla da arası düzelmiştir.

Ertesi gün bir bahane ile kaynanasından izin alıp otacıya gider. «Kaynanamın ölmesini istemiyorum, yaptıklarından pişman oldu, bana karşı çok iyi, beni kendi kızı gibi seviyor» der.

«Peki, ne yapmamı istiyorsun?» diye sorar otacı. «Bu verdiğin zehirin etkisini giderici bir panzehir yap, yemeklerine ondan koyayım, kaynanam ölmesin» der.

Otacı gülümser: «Sana verdiğim toz, zehir değil, yaşlılar için faydalı bir bitki tozuydu» der ve devam eder: «Sen değiştiğin için o da değişti.»

Kişinin olaylara ve insanlara karşı tutumu onlara verdiği anlama bağlıdır. Bu üç şekilde işlemektedir: *Sen bilinci, ben bilinci ve biz bilinci.* ***"Sen bilincinde"*** kişi şöyle düşünür: «Ben bu dünyaya acı çekmek için gelmişim. Kaderim kötü yazılmış, felek vurmuş bir kere, ben ne yapabilirim.» (Çinli gelinin kaynananın davranışlarına ilk verdiği anlam «sen bilinci» şeklindeydi. O değişmeden ya da ondan kurtulmadan mutlu olamayacağını düşünüyordu.) İnsanları ve olayları bu bilinçle anlamlandıran bir kişi davranışlarının sorumluluğunu almaz, hatalarının suçunu başkalarına yükler. Bu tip insanlar her gün birilerinden ve bir şeylerden şikâyet ederler; ama kendileri değişmek için gayret göstermezler. İşlerini ve eşlerini beğenmeyen ve devamlı onlardan yakınan bu tip insanlardır.

"Ben bilincinde" kişi şöyle düşünür: «Her şey benim kontrolümde, her şeyi ben bilirim, kimse bana ne yapacağımı söyleyemez. Eşim, çocuklarım, öğrencilerim bana uymak ve itaat etmek zorunda.» (Gelinin kaynanasına ısınamayışında kaynananın ben bilinciyle düşünmesinin payı vardı. Kaynana: «Her şey benim kontrolümde olmalı, gelin bana itaat etmeli» diye düşünüyordu.

Olayları ve insanları *"biz bilinciyle"* değerlendiren kişiler şöyle düşünür: «Davranışlarımdan ben sorumluyum. İnanlardan dürüst olmalarını beklemem için önce ben dürüst olmalıyım. (Çinli gelin olumlu yönde değişince kaynana da değişti ve biz bilinci oluştu, ikisi de birbirinin iyi yönlerini görmeye başladılar.)

İnsan temelde kötü değildir. Kötü eğitim ve kötü çevre şartları onları değiştirmiştir. Üstat Bediüzzaman der ki: «Ey göz güzel bak, güzel bakan güzel görür. Güzel gören güzel düşünür. Güzel düşünen hayatından lezzet alır. İnsan bin kapılı saray gibidir, birkaç kapısı kapalı diye ona sırtını dönüp gitme. Açık kapılarını gör.»

Öğretim Üyesi Annenin Çocuğu

Öğretim üyesi anne, çocuğunun bir değil birçok sorunu olduğunu; "Hayatımda bunun gibi beceriksiz, zor öğrenen, korkak bir çocuk görmedim!» sözleriyle anlatmış oluyordu. "Sanırım anlatmaya baştan başlamam, sizin için daha faydalı olacak" dedi ve devam etti: "Modern bir ailede büyüdüm. Kocamla üniversite sıralarında tanıştık. İkimizin de dünya görüşleri aynıydı. İdealist bir genç görünümü veriyordu. Benim gibi o da kadın erkek eşitliğine inanıyordu. O yaşlarda feminizm felsefesi bana çok çekici gelmişti.

Beraber olduğumuz o genç adam, "Kıskanmak ilkel bir duygudur. Kadını kıskanan erkek, ona sahip olduğunu düşündüğü için kıskanmaktadır. Kadın-erkek eşitliğine inanan erkeğin kıskanmaya hakkı yoktur" diyordu. Bir erkekten bunları duymak çok hoşuma gidiyordu. Birlikte planlar yapıyorduk. Okul bitip işlerimizi yoluna koyduktan sonra evlenecektik, ama yine her zamanki gibi hür olacaktık. Ev kirası dâhil bütün masrafları ortaklaşa karşılayacaktık. Birbirimizi hiçbir konuda zorlamayacak, hesap sormayacaktık Çocuk yapmaya karar verirsek bakıcı tuttuğumuzda masraflarını ortaklaşa karşılayacak, eve geldiğimizde ortaklaşa bakacaktık Birimiz mama yaparken, öbürümüz bezini değiştirecekti.

"Çok iyi fikir" diye onaylıyordu beni genç adam. Üniversite bitti, ben aynı üniversitede asistan olarak göreve başladım. O da bir şirkette iş buldu. Artık ikimiz de para kazanıyorduk, yurtta kalmaya gerek yoktu. Birlikte bir ev tuttuk. Öğrencilik yıllarında kız-erkek arkadaşlığına hoşgörü ile bakan hocalarımız, mezun olduktan sonra tutumlarını değiştirdiler. Beni okul sıralarında çıktığım gençle gördükçe: "Ne zaman evleniyorsunuz?" demeye başladılar. Bunun anlamı, "Artık evlenmeniz gerekir" demekti. Onların bu tutumu bana çok gülünç geliyordu. Profesör olmuşlardı, bilimle uğraşıyorlardı, ama hala gelenekçi düşünüyorlardı.

Birlikte olduğumuz gençle konuşup konuyu tartıştık. "Eğer istedikleri bir nikâh belgesi ise evlenip onları sevindirelim,'" dedim. "Haklısın, resmi nikâh ailelerimizi de sevindirir" dedi genç adam. Nikâh merasimi bizim için bir oyundu, çünkü nikâh öncesi ve sonrası arasında hayatımızda bir değişme olmayacaktı.

Doktora yapabilmem ve mesleğimde ilerleyebilmem için yabancı dil şarttı. Bir İngilizce dershanesine kaydoldum. Akşamları ve hafta sonlarını İngilizce dersleri alıyordu. Aynı zamanda doktora yapmak için de kollan sıvamıştım. Tezim, "Çocuk eğitiminde ailenin ve çevrenin rolü" konusunda olacaktı. Başarılı, bağımsız, kendi ayakları üzerinde durabilen bir çocuğun nasıl yetiştirilmesi gerektiğini anlamak ve anlatmak istiyordum.

Yoğun çalışmalarım sebebiyle, artık genç adamla fazla beraber olamıyordum. Bir akşam ona, çocuk eğitimi konusunda hazırlamayı düşündüğüm tezin planını gösterip fikrini sordum. Planı inceledikten sonra; "Bu tez eğitim çevrelerinde ses getirecek, seni tebrik ederim" dedi. Gururumun okşanması hoşuma gitmişti. Tekrar çalışmaya daldım. Genç adam biraz sonra elinde bir kahvaltı tepsisiyle geri döndü. 'Araştırmacımız acıkmıştır, buyursun birlikte kahvaltı yapalım" dedi. Beraber olmamızı sağlamak için buna benzer buluşları çoktu. Ben de fazla ses çıkarmıyor, ona fırsat veriyordum.

Kahvaltıda yaptığı teklif günlerce zihnimi meşgul etmişti: "Bir çocuk yapmaya ne dersin? Böylece modern eğitim konusundaki prensiplerini uygulama fırsatı bulmuş olursun." diyordu. Teklif oldukça ilgi çekiciydi. Ancak iş ciddiye binince içimi bir korku sarmıştı: Gebe kalmak, karnında dokuz ay boyunca bir bebek taşımak, doğum yapmak, anne olmak. ... Hem kariyer yapıp hem bunların altından kalkabilecek miydim? Ya çocuk beni kendine bağlar, klasik ev kadınlığına özendirir, bilimsel çalışmalarımı engellerse. Hayır! Buna asla izin veremezdim. Ben güçlü bir kadındım. Gerçekleştirmem gereken ideallerim vardı. Bir çocuk, hayat boyu kurduğum hayallerimi engelleyemezdi.

Bir çocuk sahibi olmak, onu eğiterek güçlü bir kişilik kazandırmak, başkalarına göstererek, "işte başarılı ve bağımsız bir kişilik böyle kazandırılır" demek isterdim. Bir yanım böyle derken bir yanım da korkuyordu, kendimi bir çocuk sahibi olmaya hazır hissetmiyordum. Sonunda kendimle yaptığım kavgayı kazanmış, bir çocuk sahibi olmaya karar vermiştim.

Doktor, hamile olduğumu söylediği gün içimi anlamsız duygular kaplamıştı. Evet, artık bir anne adayıydım. İçimde bir can taşıyordum. Çocuğum kız mı, erkek mi olacaktı? Güzel mi, çirkin mi, sağlıklı mı olacaktı? Ya özürlü bir çocuğum olursa? Birçok anne adayı özürlü çocuk doğurmuyor muydu? Sağlıklı veya sağlıksız çocuk doğurmak annenin elinde miydi? Hangi anne özürlü bir çocuk doğurmak ister? İlk defa içimden Allah'a inanmak isteği doğdu.

İçimde bir varlık yaşıyordu, ama ben onu göremiyordum. Sağlıklı beslenmekten ve periyodik doktor kontrolüne gitmekten başka elimden bir şey gelmiyordu. Ama onu seviyordum, ona acıyordum. İçimden sağlıklı gelişmesi için dua etmek geliyordu. Nasıl dua edeceğimi bilmiyordum. Ana rahmindeki bir bebeğin nasıl geliştiğini, nelerden etkilendiğini öğrenmek için kitaplar aldım, özellikle embriyoloji konusunu incelemeye başladım. Bu araştırmam tezimi hazırlamada da yardımcı olacaktı.

Embriyoloji konusunu incelerken karşılaştığım bilimsel bir gerçek karşısında ağlamamak için kendimi zor tuttum. Bu gerçek neden bebeğime karşı sevgi ve acıma duyduğumu açıklıyordu. Bir anne adayı hamile kaldığı andan itibaren beyni sevgi ve şefkat hormonları salgılayarak annenin bebeğine bağlanmasını sağlıyordu. Bu tesadüf olamazdı. Görünmeyen bir güç bebeği koruyordu.

Çocuğun babası olacak genç adam, bendeki değişikliği fark etmiş; bir anlam veremiyordu. Beni anlamamakta haklıydı. Karnında bebeği taşıyan o değildi. Hani kadın ve erkek eşitti? Bu nasıl eşitlikti? Vücudumdaki değişiklikler gün geçtikçe beni etkiliyordu. Yemek kokuları beni rahatsız etmeye başlamıştı. Kitaplar, halk arasında buna "aşerme" dendiğini yazıyordu. Fazla kilolar, çabuk yorulmalar, beni rahatsız ediyordu. Çocuğumun babası olacak adam aynı adamdı.

Çok ilginç: Daha önce hiç dikkat etmediğim, önemsemediğim şeylere dikkat eder ve önemser oldum. Adam eve geç gelince kızıyordum. Erken gelsin, bir yere takılmasın; benimle ilgilensin istiyordum, ama söyleyemiyordum. Beni kendi silahımla vuracağından korkuyordum: "Birbirimize baskı yapmak, farklı davranmaya ve farklı düşünmeye zorlamak, kıskanmak, sahiplenmek yok" diyecekti. Çünkü öyle anlaşmıştık.

Karnım her gün biraz daha şişiyor. Bebeğim gittikçe

ağırlığını hissettiriyor. Ara sıra tekmelerini duyuyorum. "Evet, tatlım, seni duyuyorum ve seni seviyorum" diyordum. Beni duyduğunu, onu sevdiğimi hissettiğini biliyordum. Son embriyo araştırmaları öyle diyordu. Doktor bebeğimin cinsiyetini 20. ayda ultrasonda görebileceğimi söylemişti. Daha önce de tahmin etmek mümkün ise de bu haftalar daha garantiliymiş.

Bebeğim beni öğrencilerime de yakınlaştırmıştı. Daha önce hatırımı sormayan öğrenciler, özellikle kızlar, karşılaştıkça "Hocam sağlığınız nasıl, bebek iyi mi?" diye soruyorlardı. Onlara artık kızmıyorum, bağırmıyorum. Zayıflık mıdır, duygusallık mıdır, annelik içgüdüsü müdür, bilmiyorum. Bildiğim tek şey ben değişiyorum, eski ben değilim. Çocuğumun babası olacak adam da değişiyor. Bana olan ilgisi iyice azaldı. Bazı geceler eve gelmiyor. Soramıyorum: "Arada başka bir kadın mı var?" diye. Anlaşmamızda hesap sormak yoktu. «Şu bebek bir doğsa, ben sorarım ona!" diye teselli buluyorum. Çünkü sadece benim bebeğim değil; onun da bebeği. İlgilenmek zorunda. Öyle anlaşmıştık.

Doğumum yaklaşıyor. Günler sayılı. Genç adam yok ortalarda. Şimdi bir de "iş seyahatleri" çıktı. Burnu havalarda. Neymiş; "müdür" olmuşmuş. Müdürleri oldum olası sevmem. Burnu havada adamlardır. Her şeyi onlar bilir. Memurun açığını yakalamaktan avını yakalamış avcı gibi zevk alırlar.

Son kontrole gidiyorum. Doktor, "Bugün veya yarın" diyor. Gerçekten de ertesi gün sancılarım başlıyor. Genç adam yine iş seyahatinde. Ağlamamak için kendimi zor tutuyorum. Bir taksi çağırıp doğumevine gidiyorum. Galiba bir ben yalnızım. Doğum için gelen diğer kadınlar, yani bir zamanlar küçümsediğim ev kadınları, elleri kocalarının elinde, bana acıyarak bakıyorlar. İçimden, "Ben güçlüyüm, ben güçlüyüm!" diyorum ama buna ben de inanmıyorum.

Doğumum çok zor geçiyor. Doktor, "Gevşe, sıkma kendini!" diyor, ama imkânsız. Kaskatıyım. "Bebeğini düşün, sağlığını düşün; başka hiçbir şey düşünme!» diyen doktorun sesini zor işitiyorum. Adalelerimin gevşemesi için kaç iğne yaptılar bilmiyorum. Gözlerimi açtığımda, beyaz çarşaflı bir yatakta buluyorum kendimi. Başım müthiş ağrıyor. Oda arkadaşım hanım, "Geçmiş olsun kardeş!" diyor ve devam ediyor: "Doğumun çok zor olmuş. Hemşire bebeğini sezaryenle almak zorunda kaldıklarını söyledi."

"Bebeğim, bebeğim!" diyorum, ama devamını getiremiyorum. «İlk bebeğin değil mi? İlk bebeğimde ben de çok heyecanlandım, ama ..." Sinirimden çarşafları yırtasım geliyor. "Be geveze kadın, söylesene, bebeğime ne oldu? " diyebiliyorum. Kadın, sanki bir suç işlemiş gibi utanıyor. "Merak etme, korkma, kardeş, nur topu gibi bir kızın olmuş, hemşire birazdan getirir, kucağına verir, müjdemi isterim ha" diyor.

Bu sefer utanma sırası bana geliyor. "Özür dilerim" diyorum ve ağlamaya başlıyorum.

Çok geçmeden içeriye bir hemşire giriyor. "Bizi korkuttun be hanım! Ne ödlek şeymişsin ayol! Senin kocan, bir yakının yok mu? İnsan doğuma yalnız gelir mi?" İçimden: "Benim kim olduğumu biliyor musun, sana ne be kadın!" diyesim geliyor, ama sabrediyorum. Gülerek: "Bebeğini getireyim de moralin düzelsin" dedi. Birden bire kadına olan kızgınlığım geçti. Heyecanlı bir sesle: "Lütfen" dedim.

Hemşire kucağında işlemeli pembe kundağına sarılı bir bebekle çeri girdi. Kollarımı bebeğime doğru uzattım. Kucağıma aldım. Sevinçten ağlamamak için kendimi zor tuttum. Bu siyah saçlı melek benim kızım mıydı? Neden "siyah saçlı melek" dediğimi çok sonra hatırladım. Rahmetli anneannem beni "siyah saçlı meleğim" diye severdi. Öpmeye kıyamadım, yanağını yanağıma dedirdim. Bütün ağrılarımı unutmuş, kuş gibi hafiflemiştim.

Oda arkadaşımın sesiyle kendime geldim: "Emzir bebeğini kardeş! Bismillah de, başla. " Mememi bebeğimin ağzına verirken, tuhaf şeyler hissediyorum. Hayır, hayır; tuhaf şeyler değil; güzel şeyler. Sütümü verirken sanki verdiğim sadece süt değildi. Sevgi de veriyordum. Bütün benliğimle onu seviyordum. Bakım odasına götürdükleri zaman özlüyordum. Sevgi ve özlem birbirini tamamlıyordu. Bebeğimin babası genç adamı da sevmiştim, ama özlemiyordum. Eğer özlemiyorsam bu gerçek sevgi değildi. Sevdiğim adam şimdi neredeydi? Beni ve çocuğumu/çocuğumuzu merak ediyor muydu?

Kapıda bir adam, kucağında koca bir demet çiçek. Adımı soruyor. "Benim" diyorum. "Müdür Bey, yanınızda bulunamadığı için çok üzgün. Ne yaparsınız, iş hali İşte. Bizi telefonla arayıp çiçek yaptırmamızı ve sizi ziyaret etmemizi söylediler. Sizi de bir kaç defa aramış ama ulaşamamış."

Çiçekleri birlikte getirdiği vazoya özenle yerleştirdikten sonra "geçmiş olsun" dileğinde bulunuyor ve bir ihtiyacım olup olmadığını soruyor. Çok canım sıkılıyor. "Müdüre söyle kendisi gelip bir ihtiyacım olup olmadığını sorsun" diyorum.

Adam gittikten sonra içimden çiçekleri pencereden aşağı atmak geliyor, ama oda arkadaşımdan utandım. Çiçeklerin arasında bir kart olduğunu fark ediyorum. Kartı alıyorum: "Sağlık ve mutlu..... " Devamını okumuyorum, Kontrolümü yitiriyorum. Kartı yırtarken avazımın çıktığı kadar bağırıyorum: "Yalan! Yalan! Hepsi yalan! Allah kahretsin! Allah kahretsin!" Çiçek vazosunu tutup yere fırlatıyorum. Vazonun kırılan parçaları ve çiçekler odanın her tarafına dağılıyor.

Oda arkadaşım korkuyor. "Eyvah kadıncağız delirdi!" diyor. Oda hemşiresi gürültüyü duyup koşarak geliyor. Beni o halde görünce doktoru çağırıyor. Doktor geliyor, sakinleştirici bir iğne yapıyor. Göz kapaklarım ağırlaşıyor, uykuya dalıyorum.

Hastanede kaldığım bir hafta içinde geveze arkadaşıma alışıyorum. Sanırım o da bana alışıyor. O olmasaydı mutlaka yalnızlıktan ve sıkıntıdan patlardım. Her gün bu kadar konuşacak çok şeyi nereden bulup çıkarıyor, hayret ediyorum. Ailesi, akrabaları, komşuları dışında sosyal bir çevresi yoktu. Ev işlerinden ve çocuk bakımından başka bir bilgisi yoktu. Hayatından memnundu.

Üç çocuğu varmış. Bu yeni bebekle dört olmuş. "Allah duamızı kabul etti, üç oğlandan sonra bir de kızımız oldu" diyordu. Kocası her sabah işe giderken erkenden uğruyor, kirli bezleri alıp temizlerini bırakıyordu. Her seferinde bana da bir ihtiyacım olup olmadığını soruyordu. Bir şeye ihtiyacım yoktu. Hemşireye bol bahşiş verdiğim için her ihtiyacımı gidip alıyordu. Arkadaşım komşuların gönderdiği nefis dolmalardan, tatlılardan bana da veriyor, almak istemediğim zaman çok üzülüyordu.

Bugün günlerden Pazar, yarın arkadaşım taburcu ediliyor. Ben birkaç gün daha kalacağım. Ziyaret günü olduğu için kocası gelirken çocuklarını da getirmişti. Komşularının hepsi sanki hastaneye taşınmışlardı. Çocuklarına sarılışı, onları öpüp koklayışı beni çok duygulandırıyordu. Bu insanlar, az şeyle nasıl bu kadar mutlu olabiliyordu? ,

Arkadaşım gitmek için hazırlık yapıyor. İçimi, anlam veremediğim bir hüzün kaplıyordu. Sanki bir yakınımı kaybediyormuşum gibi üzüntü duyuyorum. Kendisini çok bilgili zanneden ben, bu geveze, bu cana yakın kadından ne çok şey öğrenmiştim. Üzüntümü o da fark etmişti: "Ne somurtuyorsun öyle, gülsene be kardeş. Gidiyorum diye benden kurtulacağını mı sanıyorsun. Seni çok sevdim vallahi. Arkadaşlığımız burada bitmeyecek değil mi? Görüşeceğiz değil mi?"

Gözlerim doluyor, boğazıma bir şeyler düğümleniyor. Ağlamamak için kendimi zor tutuyorum. İçimden: "Sus geveze kadın, sus! Beni daha çok yaralama. Fikirlerimi, görüşlerimi, dünyaya bakış açımı alt üst ettin. Kendimi artık zor bulurum!" diyorum. Yanıma yaklaşıyor. Elini omzuma koyuyor: "Yanına oturabilir miyim?" diyor. Ben cevap vermeye fırsat kalmadan yatağımın kenarına oturuyor. Göz göze geliyoruz. Aman Allah'ım! Bunlar ne sıcak, ne şefkat dolu bakışlar böyle. Anneminkiler kadar sıcak, onunkiler kadar içten. Birden bire boşalıyorum. Hıçkıra hıçkıra başımı arkadaşımın göğsüne yaslıyorum. Sarılıyor bana. Bir ana gibi! Allah'ım! Ağlamanın böyle haz verici, böyle mutlu edici bir şekli olduğunu hiç bilmiyordum.

"Artık evine dönebilirsin!" diyor doktor. Evime mi? Hangi evime? Beni bekleyen kimsenin olmadığı, ıssız, soğuk, Müdürle ortak kiraladığımız otel evine mi? Bir taksi çağırıp çocuğum kucağımda eve dönüyorum. Ev soğuk, ev sessiz. Apartmanda tanıdığım hiç kimse yok. Sabahları işe giderken kapıda karşılaştığımız ve nezaketen yalancı bir tebessümle "günaydın" dediğimiz bu insanların hiçbirini yakından tanımıyordum.

Müdür nihayet iş seyahatinden dönüyor. Onu kapıda gördüğüm zaman hiç heyecanlanmıyorum, sevinmiyorum. Doğumuma gelemediği için özür diliyor, çok önemli bir iş görüşmesiymiş. "Sana hesap soran yok ki, neden kendini zorluyorsun" diyorum. Sesimin alaylı tonu Müdürü rahatsız ediyor. "Yorgunum çay yapıp içmek istiyorum" diyor, mutfağa yöneliyor. Çay bahane, benden kaçıyor, tartışmak istemiyor. Eskiden olsa "Sana da getireyim mi?" derdi. Yarım saat oldu, mutfaktan döndüğü yok. Belki de odasına çekilmiştir.

Kendi kendime soruyorum: "Ben mi değiştim, o mu değişti?" Değişen bendim. Adam aynı adamdı. Ben bu adamın nesini sevmiştim? Demek adamı değil, fikirlerini sevmiştim. Onurumu okşayan feminist görüşlerinden dolayı kadına değer verdiğini zannetmişim. Nihayet elinde çay tepsisi, dudaklarında zoraki bir tebessüm odama giriyor. Birden içimde bu adama karşı acıma hissi uyandı. Hayret doğrusu, kızacağıma acıyorum. Adam koskoca müdür, nesine acıyorum ki? Bilmiyorum, ben de bilmiyorum neden acıdığımı.

Zahmet edip çay getirmiş, içmemek olmaz. Çayı aldım, ama içimden teşekkür etmek gelmiyor. Çaylarımızı içerken: "Seni iyi gördüm, doğumun sorunsuz geçmiş" dedi. Elimdeki çayı yüzüne fırlatmamak için kendimi zor tutuyorum. Allah'ım, bu ne biçim insan? Be adam, taş mısın, hiç mi çocuğunu merak etmiyorsun? Dudaklarımdan :"Kızını görmek istemiyor musun? Neye benzediğini merak etmiyor musun?" cümleleri dökülüverdi.

"Kızım mı?" dedi inler gibi bir sesle. Yüzü kireç gibi, bembeyaz kesildi. "Evet, kızımız" dedim. "Senin babası, benim annesi olduğum kızımız ." Gözlerini gözlerime dikmiş öyle bakıyor. Adam şoka mı girdi ne? Uykudan uyanır gibi yüzünü ovuşturdu. "Kızımız nerede, görmek istiyorum" dedi. Evet, bu adama niçin acıdığımı şimdi anladım. Kötü bir insan değildi, öyle yetiştirilmişti.

Çocuğun odasına birlikte girdik. Perdeler henüz kapalıydı. Hemen koşarak perdeleri açtı: «İçeriye ışık ve güneş girmeli!" dedi. Aslında kızının yüzünü iyi görebilmek için bunu yapmıştı. Beşiğin yanına çöktü. Kızımız uyuyordu. Ya kucağına almayı düşünemedi, ya da uyandırmaya kıyamadı. Hayranlıkla onu izliyordu: "Ne güzel bir bebek. Ne güzel bir bebek" diyor, başka bir şey demiyordu. "Onu kucağına alsana!" dedim. Büyük bir iyilikte bulunmuşum gibi yüzüme minnetle baktı. Kızını kucağına aldı. Yüzünü yüzüne yaklaştırdı. Sanki öpmeye kıyamıyormuş gibi bir hali vardı. "Ne güzel kokuyor" dedi. Hayret, o da güzel koktuğunu hissetmişti.

Kızımız gözlerini açmış ağzıyla meme arıyordu. İncecik sesiyle ağlamaya başladı. "Ben mi ağlattım?" dedi. "Hayır dedim, acıkmış, meme istiyor. " Yüzüme soru dolu gözlerle baktı. "Gerçekten mi, bunu nasıl anlıyorsun?" dedi ve kızımızı bana uzattı. "Sen iş seyahatindeyken bir hayli kitap karıştırdım. Ağlama sesinden altının ıslandığını, gazı olduğunu, acıktığını ya da canı sıkılıp beni istediğini anlayabilirim." Yüzüme beni yeni tanıyormuş gibi baktı. "Vay be, annelik seni ne kadar değiştirmiş!" dedi.

Ben kızımızı emzirirken o heyecanla anlatıyordu. "Kızımıza möbleli, pembe renkli bir karyola alalım; cibinliği de olsun. Bu mevsimde çok sivrisinek olur." Bak sen şu müdüre, başımıza baba kesildi. "Karyolayı beraber beğeniriz, belki yatak odasıyla birlikte alırız. Parasını da ortaklaşa öderiz." Son cümlem hoşuna gitmemişti. "Gel anlaşalım, yatak odasını sen beğen, parasını ben ödeyeyim" demez mi? Vay uyanık, vay! Belki teklifini kabul etmem diye "Kızıma doğum hediyem olsun" dedi.

Kızmış gibi yaparak: "Sen ne yapmaya çalışıyorsun? Doğumumda beni yalnız bıraktığını unutacağımı mı sanıyorsun? Hayır, müdür bey, o kadar kolay değil. Bir yatak odasıyla beni kandıramazsın." Başını öne eğdi: "Haklısın" dedi. Gülmemek için kendimi zor tutuyorum.

-"Doğum masraflarının bir listesini çıkardım, yarısını ödemen gerekiyor"

-"Tabii, tabii hemen öderim. Eğer maddi durumun sıkışık ise, hepsini ben karşılayabilirim."

-"Hayır, buna ihtiyacım yok. Yeterli param var. "

-"Lütfen, beni daha fazla yaralama. Biliyorum, son zamanlarda seni çok yalnız bıraktım, ama kendimi işimde kanıtlamam gerekiyor. Doğumunda seni yalnız bıraktığım için de özür dilerim. O iş görüşmesine mutlaka gitmem gerekiyordu. Artık size daha çok zaman ayırmaya çalışacağım."

-"Bunu benim için mi, yoksa kızın için mi yapıyorsun? Bu değişmenin sebebini bilmek istiyorum ."

-"İkiniz için. Daha doğrusu üçümüz için. Artık biz sıradan bir ikili değil, bir aileyiz."

Allah'ım, bunlar ne güzel sözlerdi. Bu genç adamı yeniden sevmeye mi başlıyordum ne? Hayır, hemen yelkenleri indirmemeliyim. Yine iş görüşmeleri, toplantılar diyerek beni bebeğimle yalnız bırakabilirdi.

Kızımızın yatak odasını birlikte beğendik. Parasını müdür babası ödedi. İşten gelir gelmez kızının odasına koşuyor, uyuyup uyumadığına bakmadan öpüp kokluyordu. Kocam gerçekten değişiyordu. Benim değiştiremediğim adamı küçücük bir bebek değiştiriyordu. Babasını görür görmez sevinçten uçuyor, kuşlar gibi cıvıldıyordu. "Kızlar babacı olur" dedikleri doğruymuş.

Artık eski "sen-ben" ayırımı kaybolmuş, hesaplar karışmıştı. Kimin daha çok harcama yaptığı belli değildi. Doğum iznim bitmişti, üniversitedeki görevime geri dönmem gerekiyordu. Kızımızı işini çok iyi yapan, deneyimli okulöncesi eğitimi almış bakıcı ve eğitmenlerle çalışan bir kreşe verdik. Sabahları ben bırakıyordum, akşamları babası alıyordu. İşten döndüğümde çoğu zaman ikisini baş başa oynarken görüp kıskanıyordum. Babası mamasını yedirip, bezini değiştirebiliyordu.

Doktorum sütümün kesilmemesi için ne yapmam gerektiğini anlatmıştı. İlk iki sene anne sütü çok önemliymiş. Bol sıvılı ve vitaminli yiyecekleri tercih ediyordum. Gece yatmadan önce pompa ile sütümü çekiyor, bir cam biberona dolduruyordum. Sabahları kreşe götürdüğüm zaman biberonu bakıcısına veriyor, uyandığında içirmesini söylüyordum.

Kızımız çok zeki, ama fazla duygusal bir çocuk. Azıcık sert konuşsam veya azarlasam başlıyor ağlamaya. Şimdi anaokuluna gidiyor, 4 yaşında, ama kedine güveni yok. Öğretmeni oyunlara katılmada isteksiz olduğunu söylüyor. Ne dersin doktor, nerede yanlış yapıyoruz? O kadar kitabı boşuna mı okudum?"

-"Hikâyeniz beni çok etkiledi. O kadar güzel anlattınız ki."

-"Eh, ne de ola hocayız; ağzımız laf yapar."

-"Kaç yaşında demiştiniz?"

-"Dört yaşında. Anaokuluna gidiyor."

Anne ile yaptığımız görüşmede çocuktan yeteneğinin üzerinde beklentileri olduğunu, çocuğun bu yüksek beklentileri karşılayamadığı için özgüven kaybı yaşadığını gördük. Çocuk sık eleştiri aldığı için sevilmediğini düşünüyordu. Anneye yüksek kariyer sahibi ailelerde bu tür sorunların yaşandığını anlattık. Tutum değiştirmesini, eleştirmekten vaz geçmesini, her fırsatta çocuğa kendisini sevdiğini söylemesini, küçük başarılarını överek cesaretlendirmesini tavsiye ettik.

"Sizi anlıyorum" dedi anne. Kızımın kendisini çok sevdiğimizi bildiğini sanıyorum, ama bir de onun açısından bakmamız gerekiyor. Sizi dinlerken bir kitapta okuduğum sözler aklıma geldi. Çocuğa bir şey söylerken niyetimiz çok önemli değildir, çocuğun bu sözden ne anladığı önemlidir; değil mi doktor?"

-"Evet, hocam; aynen öyle."

-"Yine görüşürüz, doktor. Artık sırdaş sayılırız."

-"Sırrınız bizde saklıdır, içiniz rahat olsun."

Anneyi dinlerken devamlı not aldık, böylece bu hikâye doğdu. Hikâyeye biraz da duygusallık kattık. Meslek ahlakı gereği isim kullanmadık.

Öfkeye Yol Açan Kızgın Halkalar

Rasyonel Duygu Terapisi'nin kurucusu Albert Ellis'e göre öfkeyi besleyen düşüncelerimiz ve olaylara yüklediğimiz anlamlardır. Öfkeli insanlar düşüncelerini ifade ederken cümlelerinde "meli-malı" eki takılmış (yapmalıyım, gitmelisin, gelmeli, vermeli) fiiller kullanırlar. Bu insanlar öncelikle kendilerine ve ilişkide oldukları inanlara yöneltikleri katı inançları ve kesin istekleri gerçekleşmeyince iç dünyalarında kızgın halkalar oluşmaya başlar. Bu halkalar yıkıcı, zarar verici, akla aykırı inançlar ve iç konuşma sözleridir. Beş kızgın halka tipi vardır:

1. Olayları kötü olarak niteleyen sözler:
"Ne kötü bir gün! Ne sıkıcı bir hava! Ne dehşet verici bir olay!"

2. Katlanamazlık ifade eden sözler:
"Bu kadınla bir ömür geçirmeye katlanamam! Bu çocuğun gece ağlamalarına katlanamıyorum, kalkıp boğasım geliyor!"

3. Suçlayıcı ve lanetleyici sözler:
"Lanet olsun, bu memlekette yaşanmaz! Allah kahretsin, bu adamların topunu kurşuna dizeceksin!"

4. Kendini değersiz sayan sözler:

"Ben geri zekâlı, beceriksiz bir adamam; benden ne köy olur ne kasaba!"

"Ne kötü kaderim varmış, bütün olumsuzluklar, bütün kötülükler beni buluyor!"

5. Ümitsizlik ifade eden sözler:

"Bu fakirlik, bu mutsuzluk hiç yakamı bırakmayacak!"

"Dünya kötülerle dolu, hep güçlüler kazanıyor, bu asla değişmeyecek, böyle gelmiş böyle gider!"

Novaco Modeli

Klinik çalışmalar, patolojik öfke (kişinin engel olamadığı, başını belaya sokan yıkıcı öfke) için en etkili modelin Novaco Modeli olduğunu göstermektedir. Bu modele göre dış uyaranlar önce bilişsel (düşünce) olarak işlenir. Düşünce duygusal uyarıma yol açar. Duygusal uyarımın nasıl bir fiziksel tepkiye yol açacağını olaya yüklediğimiz anlam, kişilik yapımız ve değer yargılarımız belirlemektedir.

Olaya gösterdiğimiz tepki öfke olduğunda dört temel davranış ortaya çıkar: Fiziksel saldırı, sözel saldırı, pasif saldırı ve geri çekilme.

1. Fiziksel saldırı: Öfke anında mala zarar, kavga, yaralama ve öldürme şeklinde gösterilen tepkidir.

2. Sözel saldırı: "Küfür, hakaret, yıkıcı eleştiri şeklinde gösterilen tepkidir.

3. Pasif saldırı: Öfkeyi kendine yönlendirme, küsme ve intihar teşebbüsü şeklinde pasif tepkide bulunmadır.

4. Geriye çekilme: Öfke anında yenilgiyi kabul etme, boyun eğme, susma, geri çekilme, kaçma şeklinde gösterilen tepkidir.

İnsana Verdiğin Değer Kendine Verdiğin Değer Kadardır

Dünya malına, mevki ve makama ehemmiyet vermeyen, bir fakir gibi yaşayan ünlü filozof Diyojen bir gün çok dar bir sokakta mal ve para zenginliğinden başka bir fazileti olmayan kibirli bir adamla karşılaşır. İkisi yan yana geçemeyeceği için birinin yana çekilip diğerine yol vermesi gerekmektedir. Kibirli adam: "Ben sefil ve değersiz bir adamın önünden kenara çekilmem" der. Ünlü filozof: "Ben çekilirim" der, adama yol verir ve ekler: "İnsana verdiğin değer, kendine verdiğin değer kadardır."

İnancımıza göre biz insan olarak Allah'ın en büyük ve en değerli sanatıyız. Allah'ın bütün isimleri insanda tecelli etmektedir. İnsana saygısı olmayanın Allah'a da saygısı tam değildir. Sanata saygısı olmayanın sanatkârına saygısı olur mu? Aşık Yunus ne güzel söyler: «Yaratılanı severiz yaratandan ötürü.» Ekmeğe gösterdiğimiz saygıyı insana göstermiyoruz. Yere düşen ekmeği tekmeleyeni görmezsiniz, ama her gün haberlerde yere düşen insanı tekmeleyen onlarca insan görürsünüz.

Her Şey Beyinde Başlar ve Şekillenir

Öğrendiklerinize dikkat edin, düşüncelerinize dönüşür.
Düşüncelerinize dikkat edin, duygularınıza dönüşür.
Duygularınıza dikkat edin, davranışlarınıza dönüşür.
Davranışlarınıza dikkat edin, alışkanlıklarınıza dönüşür.
Alışkanlıklarınıza dikkat edin, kişiliğinize dönüşür.
Kişiliğiniz ise insan olarak değerinizi gösterir.

Hayatın %10'u başınıza gelenlerden oluşur. Geriye kalan % 90'ı başınıza gelen olaylara nasıl tepki verdiğinize bağlı olarak gelişir. Örnek: Eşiniz ve kızınızla oturmuş kahvaltı yapıyorsunuz. Kızınız çay fincanınıza çarpıyor, bir fincan çay elbisenizin üzerine dökülüyor. Çay fincanının devrilmesinde ve içindeki çayın elbisenize dökülmesinde doğrudan bir rolünüz yok. Sonradan meydana gelecek olaylar sizin tepkinizin şekline göre gelişecektir.

Birinci Senaryo: Sıcak çay elbisenizi kirlettiği için öfkeyle yerinizden kalkıyorsunuz. "Lanet olsun!" diye bağırıyorsunuz ve fincanınıza çarptığı için kızınızı azarlıyorsunuz. Kızınız üzülüyor "özür dilerim anneciğim" diyor ve ağlamaya başlıyor. Eşiniz: "Çocuğa neden bağırıyorsun, bilerek yapmadı ya" diyor. "Bu çocuğu hep sen şımartıyorsun" diye eşini kızıyorsunuz, Yatak odasına gidiyor, elbisenizi değiştiriyorsunuz. Mutfağa döndüğünüzde kızınızı ağlamaktan kahvaltısını bitirememiş ve okul için hazırlanmamış olarak buluyorsunuz. Kızınız servisi kaçırıyor. Eşinizin işe gitmek için hemen çıkması gerekiyor. Kızınızı okula siz bırakmak zorunda kalıyorsunuz.

Hızla garaja iniyorsunuz, arabayı çalıştırıp kızınızı okula bırakmak üzere yola çıkıyorsunuz. Kızınızı okula yetiştirmek ve kendiniz de işe geç kalmamak için 50 km hızla gitmeniz gereken yolu 80 km hızla gidiyorsunuz.

Trafik polisi sizi durdurup hız limitini aştığınız için 120 lira para cezası yazıyor. Kızınızı, 15 dakika gecikmeyle, okul kapısının önünde bırakıyorsunuz. Size teşekkür etmeden ve "hoşça kal" demeden okul binasına doğru koşuyor.

İş yerine 20 dakika gecikmeyle varıyorsunuz. Odanızdan içeri girince, evrak çantasını unuttuğunuzu anlıyorsunuz. Böylece gününüz berbat başlamış, berbat devam etmektedir. Eve gitmeyi dört gözle bekliyorsunuz. Eve vardığınızda eşinizin sevinmediğini, kızınızın boynunuza sarılmadığını görüyorsunuz. Çileden çıkmamak için kendinizi zor tutuyorsunuz. Neden kötü bir gün geçirdiniz?

A) Çay sebep oldu
B) Kızınız sebep oldu
C) Trafik polisi sebep oldu
D) Siz sebep oldunuz

Doğru cevap D şıkkıdır. Çünkü gününüzün kötü başlamasına ve kötü geçmesine sizin kızarak olaya 5 dakika içinde gösterdiğiniz aşırı tepki sebep oldu.

İkinci Senaryo: Eğer 90/10 sırrını bilseydiniz olay şöyle gelişirdi: Kızınız çay fincanına çarptı, çay elbisenizin üzerine döküldü. Kızınız mahcup oldu, ağlamak üzere. "Tamam, kızım üzülme! Bir dahaki sefere daha dikkatli olursun" diyorsunuz ve canınız daha fazla yanmasın diye ıslak yerin altına bir peçete koyuyorsunuz.

Elbisenizi değiştirmek üzere yatak odasına gidiyorsunuz. Evrak çantanızı alıp dışarı çıktığınızda pencereden kızınızın servis otobüsüne binmek üzere olduğunu görüyorsunuz, geriye dönüp size el sallıyor. Siz ve eşiniz işe gitmek üzere birlikte çıkıyorsunuz. Beş dakika önce iş yerine varıyorsunuz. Çalışma arkadaşlarınıza neşeli bir şekilde selam veriyorsunuz.

Gün aynı olayla (elbisenize çay dökülmesiyle) başladı, ama farklı bitti. Pek çok insan birinci senaryodaki gibi duygu kontrolünü bilmediği ve olaya iyimser yaklaşmadığı için huzursuz olmakta, etrafındakilerin de huzurunu kaçırmaktadır.

Anneden Ayrılma, Anneyi Kaybetme Korkusu

Çocuğun anneden ayrıldığında hissettiği korku, annesiz yapamayacağı, annenin yardımı olmadan ihtiyaçlarını sağlayamayacağı ve anneyi kaybedeceği duygusunun yol açtığı bir korkudur. Aynı korkuyu anne de yaşamaktadır. Anne de bebeğinden ayrıldığında onu kaybedeceğinden korkar. Çocuğun korkusu kendi kendine yetecek beceriler kazandıktan, anaokuluna başladıktan, arkadaş edindikten ve grup oyunlarına katıldıktan, yani 4-5 yaşlarından sonra kaybolurken annede azalmakla birlikte ömür boyu devam etmektedir. Genç kızını veya oğlunu evlendirirken annenin "oğlum/kızım evlenince beni unutacak mı, mutlu olacak mı, geçinebilecek mi" şeklinde duyduğu tedirginlik ve güvensizlik bir anlamda çocuğunu kaybetme korkusudur.

Bebeklerde Obje Devamlılığı Düşüncesi

Bebekler 8. aya kadar bir objenin görüş alanında değilken de var olacağını anlayamaz. Objenin devamlılığı bilgisi beyinde ancak 10. aydan sonra yer almaya başlar. On aylık bir bebek yere düşen oyuncağını başı ile takip edebilir. Cansız nesnelerin hafızaya kaydedilme mekanizması ile canlıların kaydedilme mekanizması farklıdır. Cansız objelerin devamlılığı bilgisi 10. aydan itibaren hafızada yerini aldığı halde, canlıların devamlılığı bilgisi henüz oluşmamıştır.

Anne ile diğer canlıların hafızaya alındığı bölgeler de farklıdır. Anneye ait bilgiler daha bebek ana rahminde iken hafızanın anneye ait bölümüne kaydedilmekte, doğumdan sonra annenin ses, koku, yüz ve mimik bilgileri de aynı yere kaydedilmektedir. Aile büyüklerinin ve bakıcının ses ve yüz bilgileri anneye ait bilgilerden farklı bir yere kaydedilmektedir. Dahası annenin varlığı ve devamlılığı bilgisi üç yaşından önce oluşmamaktadır. Bu süreyi anneden ayrı geçiren çocuklarda güven ve bağlanma duygusu gelişmemektedir.

Çocuğun ruh sağlığında ve kişilik gelişiminde hamilelik ve doğumu takip eden ilk üç yıl anne çocuk beraberliği çok önemlidir. Doğumun hemen sonra anneden ayrılan bebekler çok iyi bakılıp beslenseler dahi ruhsal yönden çöküntüye uğramakta yaşıtlarına göre geri kalmaktadır.

Ana rahminde başlayıp doğumdan sonra devam eden anneye ait hafıza kayıtları ikili arasında özel bir duygusal bağ kurulmasına neden olur. Bu duygusal bağ anneyi de etkiler. Anne kendisinin bile açıklamakta zorluk çektiği bebeğine güçlü bir bağlanma duygusu yaşar. Bebeğinin hızlı nefes alışına bile uyanır. İkili arasında oluşan bu güçlü bağa sembiyotik bağ adını veriyoruz.

Üç yaşına kadar anne her evden ayrılışında çocuk "annenin bir daha geri gelmeyeceği, kaybolduğu, yok olduğu" duygusuna kapılır. Annenin yokluğu çocuk için çok acı verici bir duygudur ve ölüm korkusuyla eşdeğerdedir. Çünkü annenin bakımı, koruması ve sevgisi olmadan hayatını devam ettirmesi mümkün değildir. Çocuk uykudan kalkıp gözlerini açtığında annesini arar. Bulamadığı zaman korkuya kapılır, ağlamaya başlar. Yanına anneden başka kim gelirse gelsin güven veremez.

Annesi işte olduğu için gelemeyecektir. Anne gelinceye kadar huzursuzluğu devam eder. Anne gelince kucağından inmez, ondan ayrılmak istemez, birlikteliği uzatır, iş yaptırmaz. Gece anne ile birlikte yatmak ister. Odasına götürülüp yatağına yatırılınca ağlar, uyumak istemez. Gece defalarca yatağından kalkar, ağlar. Anne susadığını ya da acıktığını zanneder. Anne su verdiğinde veya emzirdiğinde birkaç yudumdan fazla almaz. Tekrar uyuyuncaya kadar annesini başında bekletir.

Çocuğun anne ile birlikte olma isteği o kadar artar ki, annenin gecesi ve gündüzü kâbusa dönüşür. Meme emerken doyduğu halde yalancı emişlerle beraberliği uzatır. Annenin telefonda konuşmasına bile izin vermez. Anne ilgi göstermediği zaman ağlar, eteğinden ayrılmaz.

Anne İşe Gizlice Kaçarak Gitmemeli

Anne işe giderken çocuktan habersiz evden kaçarak gitmemeli. Ona sevdiğini söyleyerek, el sallayarak kapıdan çıkmalı. Çocuk ağlasa bile anne üzgün ve pişman bir yüz ifadesi göstermemeli. Çocuğun "annem gelecek" inancına sahip olması için anne evden çıkarken kullandığı aynı sözcükleri ve davranışı döndüğünde de kullanmalı. Örneğin ayrılırken "Seni seviyorum" diyor yanağından öpüyorsa, döndüğünde de "seni seviyorum" deyip yanağından öpmeli. Böylece benzerlikte çağrışım yoluyla anne evden ayrılsa da çocuk onun yine döneceğini düşünüp teselli bulacaktır.

Çocuk huzursuzlandığında ve anneyi aradığında, bakıcı "anne gelecek, anne seni seviyor" diye teselli etmeli, annenin geleceği saatte pencere önünde onu beklemeli, göründüğünde birlikte el sallamalıdır. Böylece çocuğun hafızasında annenin yok olmadığına ve geleceğine dair bir imaj yerleşmiş olacaktır.

Anne-Çocuk Beraberliği ve Güven Duygusu

Çocuklarda anneye güvenme ve anneye bağlanma 0-3 yaş döneminde gerçekleşmektedir. Bu süreyi anneden ayrı geçiren çocuklarda anneye güven duygusu gelişmemektedir. Eğer doğumdan itibaren annenin yerini alacak; sevgi, şefkat, ilgi, bakım ve koruma gibi çocuğun fiziksel ve ruhsal ihtiyaçları yerine getirecek bir kadın bulunursa çocuk ona kolayca bağlanmakta; sağlıklı bir gelişme göstermektedir. Annenin yerini alacak en ideal kadın bebeği emzirmeyi kabul edecek bir süt annedir. Bebeği kendi sütüyle besleyen bir kadın onu kendi çocuğu gibi sevebilmekte ve koruyup kollamaktadır.

Çalışan annenin çocuğuna bakacak olan kadın için de aynı şey geçerlidir. Bu kadın çocuğun yakın akrabası olsa bile çocuğa bakmaya istekli olmalı; sadece alacağı para karşılığında bu işi yapan bir kadın olmamalı. Çocuğun içinde güçlü bir kendisinde emeği olan kişiye bağlanma duygusu vardır. Bu duygu bakıcısına bağlanmasını ve ona güven duymasını sağlamaktadır.

Anne Bakıcıyı Kıskanmamalı ve Rakip Olarak Görmemeli

Çalışan anne çocuğun bakıcısına bağlandığını, onu sevdiğini gördüğü zaman içten içe kıskanmaya başlar, bakıcının çocuğu sahiplendiğini düşünür. İşten döndüğüne çocuğun kendisine yanaşmadığını, bakıcısının yanından ayrılmadığını görünce kıskançlığı daha da artar. "Çocuğum bakıcısını sevmiş, ona bağlanmış, demek ki çocuğum güvende, gözüm arkada kalmayacak" diye düşünmesi gerekirken bakıcıyı uyarma gereği duyar. "Çocuğumu sahiplenip benden uzaklaştırıyorsun. Ben geldiğimde çocuğumla ilgilenme, fazla yüz verme" diyebilir.

Bakıcı emeğinin ve iyi niyetinin karşılığını alamadığı için anneye kırılır. Bakıcı ile anne arasında soğuk rüzgârlar estiğini, annenin bakıcıdan hoşlanmadığını fark eden çocuk anneye kızgınlık duyar. Anneyi üzecek davranışlarda bulunur. Duygusal olarak anneden uzaklaşır. Çocuğun kendisinden uzaklaşmasını, bakıcıya sorun çıkarmadığı halde kendisine sorun çıkarmasını, inatçılığını, söz dinlememesini bakıcının onu sahiplenmesine bağlayan çalışan anne çözümü bakıcıyı değiştirmede arar ve en kısa zamanda bakıcının işine son verir. Kendince çocuğu sahiplenmeyecek yeni bir bakıcı aramaya başlar. Annenin bakıcı ile tartışmalarına şahit olan çocuk bakıcının işine son veren anneye düşmanca duygular besler ve onu çileden çıkaracak olumsuz davranışlar göstermeye başlar. Anne hatalı davrandığını düşünmek yerine suçu yine giden bakıcıda bulur. "Çocuğumu sahiplenip benden soğuttu" der.

Bebeğin kendisine hizmet edene bağlanması çok doğal ve sağlıklı bir duygudur. Bebek bağlandığı kadına güven duyar, "ben korumasız değilim, bakıcım (Hatice teyze, Fatma hala, anneannem, babaannem) beni seviyor, bana değer veriyor, acıktığımda beni doyuruyor, altım kirlendiğinde temizliyor, uyutuyor, yıkıyor; öyleyse güvendeyim" diye düşünür. Bakıcısının yüz çizgilerini hafızasına kaydeder. Korktuğunda, acıktığında, altı kirlendiğinde, uykusu geldiğinde bakıcısının güven veren yüz figürü aklına gelir; endişe duymaz, çünkü bakıcısının onu koruyacağından, ihtiyaçlarını yerine getireceğinden emindir.

Çalışan anne bazen yaşlı annesine yardımcı olması için bakıcı tutmaktadır. Böyle durumlarda bebeğin/çocuğun temel ihtiyaçlarını bakıcı karşılamalı, anneanne ona ev işlerinde yardımcı olmalıdır. Bebeğin temel ihtiyaçlarının bazen bakıcı bazen anneanne tarafından karşılanması doğru değildir. Temel ihtiyaçların farklı kişiler tarafından karşılanması durumunda bebekte bağlanma ve güven duyguları gelişmeyecektir.

Anne ile bakıcının hizmet ve eğitim anlayışında hatta yaş ve yüz çizgilerinde birbirlerine benzemeleri, birbirlerine yakın ve sıcak davranmaları bebeğin bakıcısına bağlanmasını kolaylaştıracaktır. Anne evde iken bebeğin temel ihtiyaçlarını anne karşılamalı, aile üyeleri diğer ev işlerinde anneye yardımcı olmalıdır.

Bebeğin/çocuğun kendisine bakan kadına bağlanması ve güven duyması için aynı kişi olması, ona severek hizmet etmesi, sık değişmemesi gerekir. Sık değişmesi durumunda güven duygusu gelişmez. Bebek bakıcısına bağlandığı, ona güven duyduğu, onu sevdiği halde annenin bakıcı ile tartışması, bakıcıyı sevmemesi, bakıcıyı değiştirmesi çocuğu derinden yaralar. Annesine kin duymaya başlar. Annesine sorun çıkarır. Kendisini sevin ilk bakıcısını arar, yerine gelene bağlanmakta zorluk yaşar.

Çalışan Anne Çocuğunun Huysuzluğunu ve İnatçılığını Doğru Okumalı

Kendisini güvende hissetmeyen, anneyi kaybetmekten korkan çocukta huysuzluk, uyku ve yeme bozuklukları, kabızlık, inatçılık, saldırganlık gibi bir takım davranış bozuklukları ortaya çıkar. Annenin işe başladığı ilk günlerde çocuğun gösterdiği bu olumsuz davranışların altında anneyi kaybetme korkusu vardır. Çocuğa bakacak kişi en yakını da olsa, çok tecrübeli, cana yakın, çocukları seven bir bakıcı da olsa çocuktaki anneyi kaybetme korkusunu gidermeye yetmez. Annenin: "Oğlum/kızım seni çok seviyorum, ama çalışmak/işe gitmek zorundayım. Ben işte iken anneannen/Ayşe teyzen sana çok iyi bakacak" demesi çocuğu ikna etmeye yetmez.

Çocuk annenin neden çalışmak zorunda olduğunu anlayamaz. "Annem beni sevse/bana değer verse yanımda olur/bırakıp gitmez" diye düşünür. Çocuğun korkusunu ve bunun yansıması olan olumsuz davranışların sebebini yetişkin mantığı ile anlayamayız. Eğer anne kendisini çocuğun yerine koyar, bütün bu olumsuz davranışların altında yatan gerçek sebebin "anneyi kaybetme korkusu" olduğunu anlarsa; çocuğundan ayrı iken kendisinin de duyduğu korkuyu doğru okursa çözüm bulması kolaylaşacaktır.

Eğer çocuğun olumsuz davranışları anne işe başladıktan ve çocuk bakıcısına alıştıktan sonra ortaya çıkmışsa; soruna farklı açıdan bakmamız, çalışan anne ile bakıcı arasındaki ilişkiyi gözden geçirmemiz gerekecektir. Anne, çocuğun bakıcısına bağlandığını, onu sevdiğini, işten döndüğünde çocuğunun fazla sevinmediğini, bakıcısına yakın durmaya devam ettiğini görünce bakıcıyı kıskanır, çocuğuna sahip çıkıp kendisinden soğuttuğunu düşünürse bakıcıyı uyarma gereği duyacak, ona soğuk davranacaktır. Annenin bakıcıya soğuk davrandığını gören çocuk depresyona girecek, davranış bozukluklarını gösterecek, anneye sorun çıkarmaya başlayacaktır.

Akıllı bir anne, bebeğe bakacak kişinin, iyi hizmet verebilmesi için çocuğu sevmesi gerektiğini bilir. Bakıcının bebeği sevmesi onu sahiplendiği anlamına gelmez. Anne, bebeği sevdiği ve iyi hizmet verdiği için bakıcıya teşekkür etmeli, bebeğin/çocuğun yanında ona iltifat etmelidir. Bakıcı sabah geldiğinde: "Hoş geldin Ayşe teyzesi. Kızım seni çok seviyor Ayşe teyzesi. Kızım seni görünce çok sevindi Ayşe teyzesi" demeli, bakıcı akşam evine giderken de: "Kızım sana güle güle diyor, el sallıyor, öpücük veriyor Ayşe teyzesi. Sabah görüşürüz, iyi akşamlar" demelidir. Anne ile bakıcının iyi anlaştığını gören bir çocuk anneye fazla sorun çıkarmayacaktır.

Annesi bize saçları dökülen, yeme ve uyku bozuklukları gösteren 4 yaşlarında bir kız çocuğunu getirmişti. Çocuk doktoru gerekli testleri yaptıktan sonra bu rahatsızlıkların psikolojik olduğunu, çocuğu bir psikoloğa götürmelerini söylemiş. Yaptığımız aile araştırmasında annenin 4 bakıcı değiştirdiği, çocuğun bu değişikliklere uyum sağlayamadığı için depresyona girdiği ortaya çıkmıştı.

Çocuğun olumsuz davranışları birden bire ortaya çıkmaz. Çocuk ihtiyaçlarını ve sıkıntılarını normal yollarla ifade etmeyi dener. Ancak bu ifade şekli çocuk mantığı ve çocuk diliyle olduğu için anne tarafından anlaşılmamış veya yanlış anlaşılmış olabilir. Örneğin annenin bakıcıyı sevmediğini, ona karşı iyi davranmadığını, bakıcısının üzüldüğünü gören çocuk onu kaybedeceğinden korkar. Annesinden uzaklaşır, bakıcısına daha çok yaklaşır. Bu davranışın sebebini doğru okuyamayan anne bakıcıya daha fazla kızmaya başlar. Ortaya bir kısır döngü çıkar. Sorun çözülemediği gibi daha da zorlaşır. Psikolojik yardım almaktan başka çare kalmaz.

Psikolog anneyi dinledikten ve aile araştırması yaptıktan sonra anneye tutum değiştirmesini, bakıcıyı kıskanmak yerine "Çocuğumu seviyor, çocuğuma iyi hizmet veriyor, çocuğum ona bağlanmış, çocuğum güvende" diye düşünmesini, bakıcıya hizmetinden dolayı teşekkür etmesini, samimi ve içten davranmasını tavsiye edecektir. Bakıcı gittikten sonra annenin öncelikli işi/görevi bebeğin/çocuğun ihtiyaçlarının giderilmesi olmalıdır. Böylece çocuk, bakıcısı gittikten sonra da korumasız olmadığını, güvende olduğunu hissedecek anneye sorun çıkarmayacaktır.

Bakıcısına "Anne" Diyen Çocuk

Randevu almak için telefon eden anne, heyecanlı ve titrek bir sesle şöyle diyordu: "Ekonomik sıkıntılar nedeniyle çalışmak zorunda olan bir anneyim. Dört yaşında bir kızım var. Beni çileden çıkarmak için ne lazımsa yapıyor. Beni sinirlendirmekten adeta zevk alıyor. Bakıcısına soruyorum "kuzu gibi çocuk" diyor. Ne yapacağımı şaşırıyorum. Hele bu yaşta gözümün içine baka baka altını ıslatması yok mu; beni çılgına çeviriyor. Bazen içimden temiz bir dayak atmak geliyor, kendimi zor tutuyorum. Ne olur buna bir yol gösterin, yardımınıza ihtiyacım var."

Anneye, geleceği günü ve saati söylerken, çocuğu ve bakıcısını da birlikte getirmesini istedik. İlk görüşmemizi anneyle yaptık. Çok dikkat isteyen bir işte çalıştığını söyleyerek söze başladı: "İşim hiç hata kabul etmiyor. Evraklarda yapacağım küçük bir yanlışlık, zincirleme problemlere yol açtığından daima dikkatli olmak zorundayım. Aşırı dikkat zihin yorgunluğu ve stres yapıyor. Eve bitkin ve baş ağrılarıyla dönüyorum. O yorgunluktan sonra elim hiç bir işe varmıyor. Kızımın ufacık bir yaramazlığı sinirlerimi bozmaya yetiyor. Biliyorum, kendisiyle ilgilenmem için böyle davranıyor; ama dedim ya küçük bir gürültüye dahi katlanacak direnç kalmıyor bende."

Kocasından hiç bahsetmiyordu. Ya araları iyi değildi ya da boşanmışlardı. Öğrenmek maksadıyla sordum: "Kocanız size yardımcı olmuyor mu?" İçini çekti: "Kocamla anlaşamadık kızım bir yaşında iken, yani bundan üç sene önce boşandık. Bana hiç yardımcı olmadığı gibi, benden bir ev hanımının hizmetlerini bekliyordu. Yok, ev dağınıkmış, yok akşam önüne sıcak bir yemek koymuyormuşum, eve misafir kabul etmiyormuşum gibi şeyler işte. Akşam işten gelince kendisi televizyonun karşısına oturur, benden hizmet beklerdi. Hayatın müşterek olduğunu, benim de akşama kadar çalışıp yorulduğumu, benim çocuğumsa onun da çocuğu olduğunu anlatamadım. Böyle bir insan değildi. Meğer insan eşini ancak evlendikten sonra tanıyabiliyormuş. "

"Biraz çocuğun bakıcısından bahseder misiniz? Kimdir, nereden buldunuz?

"Efendim, kendisi komşumuz olur. Ailece görüşüyorduk. Çocukları olmuyordu. Onun için kadıncağız kızımla çok yakından ilgilenir; öz kızı gibi severdi. Öyle zannediyorum ki, kızım bu kadını sevdiğinden bana fazla yanaşmıyor. Bunun farkındayım, ama onu teslim edebileceğim başka kimsem olmadığı için mecburen katlanıyorum. İnanır mısınız, akşam onu almaya gittiğim zaman yüz ifadelerinden bundan hiç hoşlanmadığı belli oluyor."

"Kızınızın yanınızda iken bilerek altını ıslattığını söylemiştiniz. Bakıcısının yanında iken de bunu yapıyor mu?"

"Hayır efendim. Asıl beni üzen ve çileden çıkaran da bu ya.»

"Anlıyorum, bir çözüm bulabilmemiz için kızınızla ve bakıcısıyla da görüşmemiz gerekiyor."

Anne çıktıktan sonra çocuğun bakıcısını içeri aldık.

Bakıcı kadınla yaptığımız görüşme çok faydalı geçmişti. Anlattığına göre, doktorlar, tüplerinin kapalı oluşu sebebiyle hamile kalamayacağını söylemişler, tüp bebek tavsiyesinde bulunmuşlar, ama o kabul etmemiş. Kocası da bunu bildiği halde ona karşı tutumu değişmemiş. Evlatlık almayı düşünüyorlarmış, ama karşılarına böyle bir imkân çıkmamış.

Güleç yüzlü, pozitif bir insandı "Nasip bu çocuğa bakmakmış, kaderde ona emek vermek varmış" dedi ve devam etti: "Güler hanım ve eşi komşumuzdu. Bebekleri daha bir yaşında iken boşandılar. Çok üzülmüştük. Anne çalışmak zorundaydı. İçimden: "İnşallah bu çocuğa bakmayı bana teklif eder" diyordum. Ama bir taraftan da korkuyordum. Gidip çocuğa ben bakayım desem, "neden bu kadın çocuğumu istiyor" diye belki kabul etmezdi. Ne ise, dualarım kabul oldu, Güler hanım çocuğuna bakmamı teklif etti. Ben ve eşim severek kabul ettik.

Evlerimiz yan yana, sabah giderken bırakıyor, akşam gelince alıyor. Çocukla aramızda sıcak bir bağ oluştu. Ne yalan söyleyeyim, kendi çocuğum gibi seviyorum. Ona yürümesini ve konuşmasını ben öğrettim. Annesi aramızdaki sevgiyi kıskanmasın diye ücretle bakabileceğimi söyledim. Kabul etti. Beni çocuğa ücretle bakan bir bakıcı gibi görmesini istiyordum. Biz büyükler ikiyüzlü olabiliyoruz, ama çocuklar saf oldukları için ikiyüzlü davranamıyorlar. İkimize de

"Anne" diyor. "Kızım senin annen ben değilim, Güler hanım senin annen" diyorum, ama çocuk ısrarla anne diyor. Biliyorum, hissediyorum, Güler hanım bundan hoşlanmıyor, ama ne yapabilirim?

Akşam annesi almaya gelince hiç gitmek istemiyor, ağlıyor. O ağladıkça ben korkuyorum. "Çocuğuma sahip çıktı, benden soğuttu" diye düşünmesinden korkuyorum. Çocuğa annesi almaya gelince ağlamaması gerektiğini anlattım. "Eğer ağlarsan bir daha seni bana getirmez" dedim. Artık ağlamıyor, ama somurtuyor, yani yine annesiyle gitmek istemediğini belli ediyor, çocuk bu. Şimdi bir korkum daha var: Ya anaokuluna verir de çocuğu benden ayırırsa."

Zor bir durumla karşı karşıyaydık. Çocuk bakıcısını seviyordu. Sevmesi de normaldi. Çünkü çocuk kendisinde emeği olana bağlanır ve onu severdi. Anne bundan hoşlanmıyordu. Açıkça dile getirmese de bakıcının çocuğu sahiplenerek kendisinden soğuttuğunu düşünüyor, davranışlarıyla belli ediyordu. Çoğu çalışan annelerin düştüğü bir tuzaktı bu. Çocuğunun bakıcısını sevdiğini, ona bağlandığını, güvende olduğunu düşünüp sevinmesi gerekirken, bakıcı ile çocuk arasındaki sevgiyi kıskanıyordu. Çocuk saf duygularıyla bunu hissediyor, inatçılık yaparak, altını ıslatarak annesine sorun çıkarıyordu.

Anneye bunları anlattık. Çocuğun beden ve ruh sağlığı

için bakıcı ile dost olması gerektiğini, kızının yanında ona iltifat etmesini tavsiye ettik. Bir ay sonra anne bizi aradı, işlerin düzelmeye başladığını, çocuğun artık altını ıslatmadığını, ama yine de küçük inatçılıklar yaptığını, zamanla bunun da geçeceğini söyledi. Mesleğimizin güzel tarafları da bu mutlu sonlardı.

İhtiyaçları Doyurulmamış Çocuk Hırçın ve Huysuz Olur

Üç yaşın sonunda çocuk giderek annenin kendinden farklı bir canlı olduğunu kavramaya başlar. Annenin işe gitmesi artık eskisi kadar üzüntü vermez, çünkü döneceğini bilmektedir. Eğer anne işe giderken çocuk ağlamaya devam ediyorsa, "anne gitme" diye yalvarıyorsa anneye bağımlılığı devam ediyor demektir. Anne kapıdan çıkıp gözden kaybolduktan sonra bakıcı çocuğu sakinleştirmede zorlanıyorsa, çocuk inatçılık yapıyor, bakıcıyı dinlemiyorsa ortada bir sorun var demektir.

Annenin veya bakıcının çocuğa "huysuz, inatçı, hırçın, dengesiz, yaramaz" gibi isimler takması onu anlamadıkları, olaya yetişkin gözüyle yaklaştıkları anlamına gelmektedir. Anne işte iken bakıcısına sorun çıkarıyorsa, anne işten gelince annenin eteğinden tutuyor iş yaptırmıyorsa, istekleri bitmiyorsa ikisini de cezalandırıyor demektir. Bakıcıya annesinin işe gitmesine izin verdiği ve sebep olduğu için; anneye de kendisini bırakıp işe gittiği için ceza vermektedir. Aslında annenin ve bakıcının "inatçılık, huysuzluk ve hırçınlık" olarak isimlendirdikleri davranışların altında "çaresizlik, güvensizlik ve bağlanma" sorunu vardır.

Eğer anne, bakıcı çocuğun hırçınlığının altında yatan sebebin çaresizlik olduğunu anlayamaz, çözüm üretmek yerine çocuğu suçlayacak olurlarsa, bakıcıda ve zaten işten yorgun dönmüş olan annede gerginliğe ve strese yol açacaktır. Annenin gerginliği işten dönen babayı da etkileyecek, evin tadı tuzu kalmayacaktır.

Aslında sorunun çözümü kolaydır, çocuğun yaşına uygun ihtiyaçları doyurulmadığı için güven ve bağlanma sorunu yaşamaktadır. Ancak çocuk bunu dile getirecek söz becerisine sahip olmadığı için davranış diliyle anlatmaya çalışmaktadır. Bakıcı ve anne söz dilini doğru okuyamadıkları için çocukla çatışma yaşamakta, ortaya çözümü zorlaştıran bir kısır döngü çıkmaktadır. Eğer anne akıl edip bir çocuk psikoloğundan yardım istese, psikolog "bilişsel terapi" yöntemiyle sorunun nereden kaynaklandığını anneye fark ettirecek; anne, çocuğun doyurulmamış ihtiyaçlarına yönelecektir.

Anne işe giderken çocuğunu öperek, sevdiğini söyleyerek ve el sallayarak kapıdan çıkacak. İşten döndüğü zaman, her şeyden önce çocuğunun beslenme, banyo, tuvalet ve uyku gibi temel ihtiyaçlarını giderecek. Bunları yaparken onunla konuşacak, sevgi alışverişinde bulunacak. Çocuğun kendisine güven duymaya ve ona bağlanmaya başladığını, bakıcısına daha az sorun çıkardığını gördükçe huzura kavuşacaktır.

Annenin Çocuğuna Ayırdığı Zamanın Süresi Değil, Kalitesi Önemlidir

Çalışan annelerin çoğu bebeğine yeterince zaman ayıramadığını düşünerek suçluluk duygusuna kapılmaktadır. Gerçekte bebeğe ayrılan zamanın süresi değil, kalitesi önemlidir. Çalışan bir anne işten dönünce her şeyi bir yana bırakıp çocuğuna yarım saat ayırsa, birlikte ikisinin de zevk alacağı bir etkinlikte ve sevgi alışverişinde bulunsalar; uzun ama gergin ve tartışmalı geçen bir beraberlikten daha değerlidir.

Eşim, bir keresinde annesinin, kendisine bebek iken eliyle özenerek diktiği bez bebeği hiç unutmadığını söylemişti. Kızım da 5-6 yaşlarında iken bir yolculuk dönüşü kendisine hediye olarak getirdiğim oyuncak ahşap beşiği çok sevmişti. Beşiğini ve beşiğinde sallayarak uyuttuğu bebeğini hep sakladı. Sakladığı o beşik ve o bebekle şimdi kendi küçük kızı yani torunum oynuyor. Öyle sanıyorum ki, hikâyesini öğrendiğinde torunum da onları kendi çocuğu için saklayacaktır.

Çocuk sevildiğinden ve terk edilmeyeceğinden emin olmalıdır. Sevginin, bakımın ve ilginin kalitesi kadar sürekliliği de önemlidir. Anne bazen işinin gereği eve yorgun dönebilir. Böyle durumlarda eşi ve aile büyükleri anneye ev işlerinde yardımcı olmalı, anne sadece çocuğuyla ilgilenmeli, ihtiyaçlarını gidermeli, sevgi alışverişinde bulunmalıdır. Ev işleri ertelenebilir, bekleyebilir; ama çocuğun ihtiyaçları ertelenemez, bekletilemez.

Çocuğun fiziksel veya ruhsal bir ihtiyacı olduğu zaman önce ister. Anne önemsemediğinde veya başka bir işe yöneldiğinde çocuk yalvarmaya başlar. Bu da işe yaramazsa ağlayarak isteğini dile getirir. Ağladığında anne "ne var ne istiyorsun" dediğinde çocuk "annem beni duydu, ağlama işe yaradı" diye düşünür. İsteğini yaptırmak için ağlamanın tonunu yükseltir. Anne çocuğun ağlamasından rahatsız olur, onu susturmak için isteğini yerine getirir. Çocuk bu denemelerden bir şey öğrenmiştir: "Ağladığımda annem isteğimi yerine getiriyor." Ondan sonra isteklerini ve ihtiyaçlarını normal yollarla değil, ağlayarak ifade etmeyi seçecektir.

Bazı anneler o kadar meşguldür ki çocuğun ağlaması da işe yaramaz. Anne: "Görmüyor musun işim var, kes sesini!" diye bağırır. Çocuklar okul öncesinde benmerkezci bir kişiliğe sahiptir. Kendisini evrenin merkezinde görür. Herkes ve her şey onların isteklerini yerine getirmek için vardır. Beklemeyi sevmezler. Haz duyguları baskın olduğu için isteklerinin hemen yapılmasını isterler. Annenin işi önemli değildir. İsteği daha önemlidir.

Çocuk ağlamanın işe yaramadığını görünce tepinmeye, bağırmaya ve kendisini yere atmaya başlar. Biz buna psikolojide "tiyatro yapma" diyoruz. Çocuklar tiyatro yaparak isteklerini yaptırmada çok ustadırlar. Anne çocuğun ağlayarak kendisini yere attığını görünce işini bırakır. Çocuğa yönelir. Bu yönelme bazen çok olumlu olmaz, çocuğu silkeleme, kollarından tutup kaldırma, kulağını çekme şeklinde şiddet içerikli olabilir. Çocuk için bunun hiç önemi yoktur. Önemli olan isteğinin yapılmasıdır. Eğer sonunda isteği yerine getirilirse, çocuk hırpalanmayı göze almaktadır.

3. Bölüm
PARÇALANMIŞ AİLELERDE ÇOCUK EĞİTİMİ SORUNU

Dağılmış Ailede Mutsuz Çocuklar

ANNE VEYA BABADAN birinin kaybı veya boşanmaları sonunda meydana gelen düzensiz yapıya "dağılmış aile" diyoruz. Ailenin dağılması bebeklik çağına rastlaması durumunda çocuk üzerindeki yıkımı daha fazla olmaktadır. Anne kucağında ve mutlu baba ocağında büyümek her çocuğun vazgeçilmez hakkıdır. Çeşitli sebeplerle bu haktan mahrum bırakılması çocuğun kişilik gelişimini, beden ve ruh sağlığını derinden etkiler.

Anneden, babadan veya her ikisinden ayrı büyüyen çocuklar üzerinde yapılan araştırmalarda, çok iyi bakılıp beslenseler dahi, yaşıtlarına oranla zihinsel ve bedensel yönden geri kaldıkları, hayata küsmüşçesine iç dünyalarına çekildikleri, bakıcılarıyla duygusal ilişkiye giremedikleri ve sevgi bağı kuramadıkları görülmektedir.

İlk beş yıl içinde boşanma sonucu anne veya babadan ayrı kalan çocuklarda, güven eksikliği sebebiyle, öğrenilmiş davranışlarda bile geriye dönüş başlamaktadır. Ailenin dağılması ile birlikte bu çocuklar altını ıslatmak, kekelemek, tikler oluşturmak ve kurallara uymamak gibi çeşitli davranış bozuklukları göstermekte, kreş hizmetlileriyle ve anaokulu öğretmenleriyle sağlıklı ilişkiler kuramamaktadır. Suçlu çocuklar üzerinde yapılan araştırmalar, bu çocukların genellikle parçalanmış ailelerden geldiğini göstermektedir.

Geçimsiz Eşler ve Arada Kalan Çocuklar

Ülkemizde son yıllarda, ekonomik sıkıntıların da etkisiyle, geçimsizlikler ve boşanmalar gittikçe artış göstermekte, aileler dağılmakta, bundan en fazla çocuklar zarar görmektedir. Genç evliler çocuk yapmaya karar vermeden önce birbirlerini sevdiklerinden ve evliliği başarı ile yürüteceklerinden emin olmalıdır. Daha evliliklerinin ilk aylarında anlaşamayan ve boşanmayı düşünen eşler kesinlikle çocuk yapmamalıdır. "Genç Anneye Mektuplar" isimli kitabın yazarı Wilhelm Stekel daha da ileri giderek şöyle der: "Geçimsiz ve mutsuz eşlerin çocuk yapmaya hakkı yoktur.

Çünkü kendileri gibi mutsuz çocuklar yetiştirecekler."

Bazen büyüklerin tavsiye ve telkiniyle eşler çocuk sahibi olmaları halinde birbirine bağlanacaklarını ve geçimsizliğin sona ereceğini zannederler. Ancak birbirinin dilinden anlamayan iki insanı mutlu etmeye çocuğun da gücü yetmez. Bir hayal uğruna, düşünmeden dünyaya getirilen çocuk, güvensiz bir ortamda yetiştiğinden birtakım davranış bozuklukları gösterecek; eşler arasındaki geçimsizliğin dozu daha da artacaktır. Çoğu defa eşlerden biri, yanlış olduğunu bile bile, ötekini kötüleyerek çocuğu kendi tarafına çekmeye ve böylece güç kazanmaya çalışır. Eşler arasındaki bu rekabet kimi zaman çocuk sevme ve koruma yarışına dönüşür. Anne, çocuğunu kucağına alır, başını okşayarak şöyle der: "Eğer sen olmasaydın bu adamın kahrını bir gün bile çekmezdim." Aslında çocuk bu sevginin göstermelik olduğunu bilir ve anneye olan güveni azalır.

Çoğu zaman eşler arasındaki çekişme çocuğun gözleri önünde gerçekleşir. Saatlerce süren karşılıklı suçlamalar, tehditler ve hakaretler çocuğu derinden üzer. Çocuğun tartışma konusu edildiği çekişmeler daha da tehlikelidir. Zira çocuk yanlış davranışlarından dolayı anne babanın kendisini sevmediklerini, bu yüzden tartıştıklarını düşünür, suçluluk duygusuna kapılır. Onları kavga ortamından uzaklaştırmak için türlü hikayeler uydurur, yalandan hastalık belirtileri gösterir. Bazı geçimsiz eşler, karşı tarafı haksız çıkarmak için çocuğu hakem seçer. Bir tercih yapmak zorunda bırakılan çocuk huzursuz olur, ne diyeceğini bilemez. Sebebi ne olursa olsun, anne ve baba çocuğun yanında tartışmamalı; onu taraf olmaya zorlamamalıdır.

Boşanan Eşlerde Olumsuz Davranışlar

Geçimsizlik çekilmez bir hal aldığı zaman eşler boşanmaktan başka çare bulamazlar. İstatistikler boşanmaların çoğunlukla çocuksuz veya tek çocuklu eşler arasında gerçekleştiğini göstermektedir. Boşanma kararı ile birlikte, pek tabidir ki, çocuğun kimde kalacağı tartışması gündeme gelir. Mahkeme, çoğu zaman, küçük çocukların annede kalmasına karar verir. Eğer annede ruhsal ve ahlaki bir bozukluk yoksa doğru olanı da budur. Ancak bazı anneler babaya çocuğunu görmeyi yasaklayarak bu avantajlarını intikam almak için kullanır; bununla da yetinmeyip babayı kötüler. Çocuk, babasını görmeyi arzuladığı halde, gerçek duygularını anneden saklar. Aynı şekilde boşanma bazı babalar da çocukla birlikte iken anneyi suçlayarak çocuğu kendi tarafına çekmek ister. Her iki durumda da çocuk diğer ebeveyni suçlayan anneye ve babaya saygı duymaz. Dahası tarafmış gibi davranarak ikiyüzlülük yapar. Gerçek duygularını gizler. Anneyi babaya, babayı anneye karşı kullanır.

Bazen karı koca aralarında anlaşarak kendi düzenlerini kuruncaya kadar, geçici bir süre için, çocuğu bir üçüncü kişiye (anneanneye veya babaanneye) bırakmayı tercih ederler. Düşük okul başarısı ve uyumsuz davranışları yüzünden bize getirilen bir erkek çocuğunu analiz ettiğimizde parçalanmış bir aileden geldiğini gördük. Çocuk babaannenin yanında kalıyordu. Baba yeni bir evlilik yapma hazırlığı içindeydi. Anne, geçimini temin etmek için, bir iş bulmuş çalışıyordu. Babaanne, çocuğa devamlı annesini kötülüyor, yabancı erkeklerle düşüp kalktığını söylüyordu. Çocuk bize getirildiğinde annesini öldürme planları kuruyordu.

Hırsızlık yapmaktan ve okul eşyasına zarar vermekten şikâyetle öğretmeni tarafından getirilen bir kız çocuğunu incelediğimizde yine dramatik bir boşanma olayı ile karşılaştık. Baba, aile reisi olma sorumluluğunu yerine getirmeyen, kumara ve alkole düşkün biriydi. Ailenin ihtiyaçlarını karşılamadığı gibi, eve gece geç saatlerde dönüyor, alkolün de etkisiyle huzursuzluk çıkarıyor, karısını ve çocuğunu dövüyordu.

Böyle bir insanla aynı çatı altında yaşamak istemeyen anne, çocuğunu alarak baba evine sığınıyor ve kısa bir süre sonra boşanma davası açıyor. Ancak, kadının babası bu evliliğe baştan itibaren karşı olduğu için torununu bir türlü kabullenmek istemiyor. "Bu evliliğin yürümeyeceğini sana söylemiştim; ama sen beni dinlemeyip o serseri ile evlendin. Sen benim evladımsın, yanlış da yapsan, sana sahip çıkmak benim görevim. Ancak, bir sarhoşun çocuğuna bakmak zorunda değilim; onu evime getirmemeliydin," diyor. Sevgiye ve korunmaya en fazla ihtiyacı olduğu bir zamanda dedesi tarafından böyle dışlanan bir çocuğun ruh halini düşünün.

Çocuk Boşanma Olayını Kabullenemez

Bir öğretmen arkadaş anlatıyor: "İlköğretim üçüncü sınıfta, anne ve babası boşanmış bir öğrencim vardı. Çocuk annesinde kalıyordu. Babası iki haftada bir gün çocuğunu görmeye geliyor, dışarı çıkıyorlar, gün boyunca birlikte oluyorlardı. Anne baba okumuş, meslek sahibi, kültürlü insanlardı. İkisini de tanıyordum. Çocuğun yanında birbirlerine karşı gayet nazik davranıyorlardı. Ancak, çocuk, boşanma olayını bir türlü kabullenememişti. Anne ve babanın ayrı yaşadığını arkadaşlarından saklıyor, sürekli yalan hikâyeler uyduruyor, kendisini ne kadar çok sevdiklerini, birlikte gezmeye çıktıklarını ve çok eğlendiklerini anlatıyordu. Çizdiği resimlerde devamlı mutlu aile tabloları vardı. Kiminde anne ve baba birbirine sarılmış, kiminde çocuğu ortalarına almış gezmeye çıkmış olurlardı. Resmin altına sıklıkla şu cümleyi yazardı: Anneciğim, babacığım sizi çok seviyorum."

Öğretmen arkadaşın da anlattığı gibi, anne baba medeni bir şekilde ayrılsalar ve çocuğa birbirini kötülemeseler dahi; çocuğun boşanma olayını anlaması ve kabullenmesi çok zordur. Sevdiği iki insanın bir gün yine birleşeceklerini ve mutlu olacaklarını hayal eder. Çocuğun uzun süre bu hayal dünyasında yaşaması, gerçek dünyadan kopmasına ve kendi içine çekilmesine yol açabilir. İçine kapanan çocuk, diğer insanlarla başarılı ilişkiler kuramaz; sosyal yönden geri kalır. Hayal dünyasına sığındığı ve orada kendisini mutlu hissettiği için dış dünyaya karşı ilgisi azalır. Dikkatini yoğun tutamaz, öğrenme ve akıl yürütme yeteneği zayıflar. Düşüncelerini ve duygularını ifade edemez. Okul başarısında devamlı düşme görülür.

Anne veya babadan ayrı yaşayan çocukları bekleyen başka bir tehlike daha vardır. Boşanan eşlerden biri veya her ikisi tekrar evlenmek isteyebilir. Bunu çocuğa anlatmak istediklerinde şiddetli bir tepki ile karşılaşırlar. Anne babanın tekrar bir araya geleceğini ve mutlu bir hayat süreceklerini hayal eden çocuk, bu mutlu hayalin yıkılmasına izin vermez. "Annem tekrar evlenmeye kalkarsa onu polise şikâyet ederim" veya "evden kaçarım," diyen çocuk örnekleri az değildir.

Boşanan Eşleri Bekleyen Yeni Sıkıntılar

Geçimsiz evliliklerde eşler genellikle boşanmanın bir kurtuluş çaresi olacağını ve birbirinden kurtuldukları zaman sıkıntıların sona ereceğini düşünürler. Ancak istatistikler, özellikle çocuklu eşlerde, bu düşüncenin gerçekleşmediğini; boşanma ile birlikte başka sıkıntıların ortaya çıktığını göstermektedir. Bunların başında "çocuğun eğitim sorunu" gelmektedir. Boşanma kararı ile birlikte "çocuğun kimde kalacağı" tartışması gündeme gelir. Bu konuda psikoloji ve gelenekler anneden yana tavır alır. Babadan fedakârlık yapması istenir. Çocuğun annede kalması belki problemi azaltır; ama tamamen çözmez. Bir çocuğun ruhsal ve sosyal yönden sağlıklı yetişmesi için anne kadar babaya da ihtiyacı vardır. Anne ne kadar çabalarsa çabalasın babanın yerini dolduramaz. Çocuğun cinsiyetine uygun sosyal bir kimlik kazanmasında babanın rolü büyüktür. Bir ailede baba güç ve otorite sembolüdür. Çocuk arkadaşına "benim babam senin babanı döver" derken bu gücü ifade etmektedir.

Boşanma sonunda annede kalan bir çocuk, babasını seviyorsa ve ailenin dağılmasında annesini kabahatli buluyorsa; huzursuzluk, hırçınlık, inatçılık ve saldırganlık gibi davranış bozuklukları göstererek annesini üzecektir. Eğer anne çocuğa babayı kötüleyerek kendisini haklı çıkarmaya çalışırsa durum daha da zorlaşır. Çocuğu ile birlikte bize danışmak için gelen bir anne yaşadığı sıkıntıyı ağlayarak şöyle dile getiriyordu: "Bu çocuğa ne oldu anlamıyorum. Uslu, söz dinleyen, terbiyeli, çalışkan bir çocuktu. Sanki o sevimli çocuk gitti, yerine sokak serserisi bir çocuk geldi. Beni kızdırmak ve çileden çıkarmak için ne gerekirse yapıyor. Ne güzel söz, ne nasihat ne de dayak bir işe yarıyor."

Çocuklu eşler boşanmaya karar vermeden önce, bunun çocuk ruh sağlığı üzerinde derin izler bırakacağını bilmeleri ve buna göre hareket etmeleri gerekir. Boşanmanın sebebi ne olursa olsun birbirlerine karşı kin duymamalı, anne ve baba olduklarını unutmamalı, çocuğa karşı sorumluluklarının devam ettiğini kabul etmelidirler.

Çocuk üzerinde bırakacağı olumsuz etkileri en aza indirmek için anne ve baba boşanmanın ne demek olduğunu açık bir dille anlatmalı ve çocuğu buna hazırlamalıdır. Eğer mümkünse boşanmadan sonra haftanın yarısını annede, yarısını babada geçirmesine karar verilmeli; böylece anne ve baba modelinden yoksun büyümemesi sağlanmalıdır.

Eski eşler çocuğu kendi tarafına çekmek için abartılı bir sevme yarışına girmemeli; eğitimini disiplin ve terbiye ölçüleri içinde sürdürmelidir. En tehlikeli yarış, çocuk kozunu kullanarak birbirinden öç alma yarışıdır. Bazı anneler, öç almak için, babaya çocuğunu görmesini yasaklamakta, kimi zaman cinayetle sonuçlanan acı olaylara sebep olmaktadır.

Bize göre boşanmaların temel sebebi eş adayını tanımadan, eşler birbirinin dengi olup olmadığını araştırmadan yapılan evliliklerdir.

Boşanmada Çocuk Kimde Kalır?

Boşanmak üzere olan annelerin en çok merak ettiği konulardan biri de boşanma esnasında çocuğun kimde kalacağı yani velayetidir. Çünkü babalar çoğu zaman evliliği kurtarmak ve kadının gitmesine engel olmak için anneleri çocuğu alıp vermemekle tehdit ederler.

Hâkim, çocuğun kimde kalacağına karar verirken çocuğun geleceğini düşünür. Kararda asıl olan çocuğun menfaatlerinin korunacağı, maddi ve manevi ihtiyaçlarının karşılanacağı, ruhsal ve fiziksel gelişimini sağlıklı bir şekilde tamamlayabileceği ortamda yetişmesini sağlamaktır. Genel olarak yaşı itibari ile anne bakım ve ilgisine muhtaç olan çocukların velayeti anneye bırakılır. Kesin bir yaş sınırı olmamakla birlikte uygulamada genel olarak 7 yaşına kadarki çocukların velayetleri anneye bırakılır.

Ancak baba, olağanüstü hâllerde (annenin akıl sağlığının ve ahlakının çocuğun fiziksel ve ruhsal gelişimini olumsuz etkileyecek derecede bozuk olması vs.) çocuğun velayetinin kendisine bırakılmasını talep edebilir, bu durumda iddialarını ispat edebilirse çocuğun yaşına bakılmaksızın velayet babaya da bırakılabilmektedir.

Velayette çocuğun cinsiyetine bakılmaz. Halk arasında kız çocuğunun velayeti anneye, erkek çocuğununki babaya bırakılır şeklindeki yaygın anlayış doğru değildir. Velayetin anneye bırakılması babalık hakkını sona erdirmez. Hâkim, haftanın belli gün ve saatlerinde çocuğunu görmeye ve birlikte olmaya izin verebilir. Anne babanın bu hakkını kullanmasını sürekli engellediği ya da çocuğa karşı görevlerini yerine getirmediği zaman baba açacağı bir dava ile velayetin kendisine verilmesini isteyebilir.

Boşanmalarda Ekonomik Bağımsızlığın ve Annelerin Payı

Boşanmaların sıklığı bize eşler arası iletişimde, evliliği sağlıklı yürütmede, karşılaşılan problemleri ve krizleri çözmede bilgi ve beceri eksikliği olduğunu gösteriyor. Anneler, koruma içgüdüsüyle okuyan kızlarını ders çalışsınlar diye ev işlerinden uzak tutuyorlar. Üniversite okuyan kızlarımız arasında yemek pişirmeyi bilmeyen, çamaşırdan, bulaşıktan, ev temizliğinden anlamayan çok ana kuzuları var. Bu kızlarımız mezun olup iş bulduktan sonra evlenme konusunda çok seçici ve korkak davranıyorlar. Evlilik sorumluluğunu yürütme konusunda kendilerine güvenmiyorlar. Evlenmeyi kabul ettiklerinde çoklarının zihinlerinin bir köşesinde "anlaşamazsam boşanırım" düşüncesi var. Evliliği yürüteceklerinden emin oluncaya kadar çocuk yapmıyorlar.

Şimdilerde çoğu anneler meslek sahibi çalışan kızlarını gelin ederken "Sen de çalışıp para kazanıyorsun, sakın kendini ezdirme" diyorlar. Çalışan bayanların boşanmaya kolay karar vermelerinde ekonomik bağımsızlığın payı da oldukça fazladır. Eskiden anne babalar kızlarını gelin çıkarırken şöyle nasihat edermiş: "Doğup büyüdüğün baba evinden çıkarak kendi yuvanı kurmaya gidiyorsun. Yuvanı huyunu suyunu tam bilmediğin bir insanla paylaşacaksın. Sen ona yer ol ki, o sana gök olsun. Sen ona ev ol ki o da evin direği olsun. Ona sıkıntı verme ki, sana karşı sevgisi azalmasın. Ona uzak olma ki, seni unutmasın. Onun gözünü, burnunu ve kulağını koru ki, gözü senden başkasını görmesin, senden başkasının kokusunu almasın, güzel şeyleri hep senden duysun. Eşinin annesini annen, babasını baban bil. Evin temizliğine ve düzenine dikkat et. Yiyecek ve giyecek konusunda eşinin güç yetiremeyeceği isteklerde bulunma. Eşinin yemek saati ile uyku saatine dikkat et. Açlık erkeği huysuz eder, uykusuzluk ise öfkelendirir. Kocanın sırlarını kimseye söyleme. Komşularınla iyi geçin. Dedikodudan uzak dur. Eşinin üzüntüsünü ve sevincini paylaş. Kadının güzel huylusu eşine cennet nimetidir."

Emek verilmeyen, birbirlerini iyice tanımadan, aileler tarafından verilmiş anlık kararlarla gerçekleştirilen evlilikler anlık kararlarla kolayca son bulabiliyor. Ancak, şu bir gerçek ki, geçinmeyi beceremeyenler medeni bir şekilde boşanmayı da beceremiyorlar. Boşanma sırasında birbirini suçlamalar, hakaretler, kavgalar, tehdit etmeler hatta cinayetler işleniyor. Boşanan eşlerde en acı faturayı annesiz veya babasız yaşamak zorunda kalan çocuklar ödüyor.

Çocuğunuzu Kendinize Dert Ortağı Yapmayın

Çoğu anneler sorunlu evliliklerde çocuklarını kendilerine yakın bulur, onlarla dertleşirler. Eşleriyle, kaynanalarıyla, yakın akrabalarla yaşadıkları sorunları çocuklarıyla paylaşırlar: "Babanızın bana yaptıklarını görüyorsunuz, değil mi? Siz olmasanız bu nankör, bu kaba, bu kıymet bilmez adama bir gün katlanmam. Sizin hatırınız için katlanıyorum" derler. Ya da: "Babaannenizin bana yaptıklarını görüyorsunuz değil mi? Beni bir türlü kabullenemedi. Kendi kızı gibi kabul etse, sevse ne olur? Babanıza beni çekiştirip üzerime sürüyor. Onun yüzünden azar işitiyorum, onun yüzünden dayak yiyorum" diyerek mutsuzluklarını çocuklarıyla paylaşırlar.

Bu ve benzeri yakınmalar çocukları derinden üzer. Çocuklar olup bitenleri muhakeme edecek ve bundan ders çıkaracak zihinsel olgunlukta olmadıkları için annelerinin telkininden etkilenecek babalarına ve babaannelerine içten içe kin duyacaklardır. Mutluluk kadar mutsuzluk ta bulaşıcıdır. Annelerinin mutsuzluğu çocukları da etkileyecek küçük yaşta hayata karşı dirençleri azalacak, geleceğe karamsar bakacaklardır.

Kimi anneler, özellikle çalışan anneler, büyük çocuğa kaldıramayacağı sorumluluklar vererek küçük omuzlarına kaldıramayacağı yükler yüklerler. "Sen ablasın/ağabeysin, ben yokken kardeşlerine sen sahip olacaksın. Onları sen koruyacaksın" derler. Çoğu anneler büyük çocuğu kardeşiyle kavga ederken görünce, suçun kimde olduğuna bakmadan: "Sen ablasın/ağabeysin, neden kardeşini idare etmiyorsun?" diyerek küçüğü korurlar. Haksızlığa uğradığını düşünen büyük çocuğun anne babaya olan güveni sarsılır.

Anneler kesinlikle çocukları kendilerine dert ortağı yapmamalı, aile içi sorunları onlara anlatmamalıdır. Kardeşlerinden birkaç yaş büyük diye "sen ablasın/sen ağabeysin" diyerek omzuna ağır gelecek sorumluluklar verilmemelidir. Mutsuz ailelerde güç savaşı vardır. Babanın baskı ve şiddet kullanarak anneye sözünü geçirdiğini gören büyük çocuk küçükler üzerinde baskı ve şiddet kullanma eğilimindedir.

Böyle bir ailede büyük çocuğa "sen ağabeysin/ablasın" dendiğinde bunu küçükler üzerinde baskı aracı olarak kullanabilir. "Sen ablasın/ağabeysin" diye boyundan büyük sorumluluk yüklenen çocukların "Ben abla/ağabey olmak istemiyorum!" diye itiraz ettikleri görülür. Bu itirazda haklıdırlar. Çünkü onlar da çocuktur, çocukluklarını yaşamak isterler.

Aile İçinde Kadına Yönelik Şiddet

Aile içinde meydana gelen şiddet, cinsiyete dayalı, kadın üzerinde baskı ve üstünlük kurmayı amaçlayan, tehdit, dayatma, kontrol içeren; psikolojik, cinsel, ekonomik, fiziksel zararla sonuçlanan, kadının insan haklarını ihlal eden her türlü söz ve davranışlardır. Kadına yönelik şiddet, her yaştan, her öğrenim düzeyinden, her gelir düzeyinden, bekâr, boşanmış, evli, her ülkeden kadının çözümü zor bir gerçeğidir. Tüm dünyada kadınlara kocaları, babaları, erkek kardeşleri ya da sevgilileri tarafından şiddet uygulanmaktadır.

Aile içinde kadına uygulanan şiddet, gerek şiddet uygulayan gerek toplum ve kimi zaman da şiddete maruz kalan kadın tarafından meşru kabul edilmektedir. Ayrıca kadınlar yaşadıkları şiddetin sorumlusu olarak görülmekte, şiddetin hak edildiği inancı toplumda yaygın biçimde varlığını sürdürmektedir.

Aile içinde kadına yönelik şiddet en yaygın, buna rağmen en fazla göz ardı edilmiş insan hakkı ihlalidir. Kadına şiddet uygulayan kişilerde akıl veya ruh sağlığının bozuk olması, eğitim seviyesinin düşük olması, işsizlik, ekonomik sıkıntılar, stres ve benzeri bireysel faktörlerden kaynaklandığı görüşü oldukça yaygındır. Bu görüş bazı durumlar için geçerli olsa da, dünyadaki yaygınlığına bakıldığında aile içi şiddeti tümüyle açıklayamamaktadır.

Aile içinde kadına yönelik şiddet, bireysel nedenlerden öte daha genel sistemlerle açıklanabilecek bir gerçektir. Aile içi şiddet cinsiyet kökenlidir; yani temeli cinsiyetlerin toplumsal hayatta eksik ve kusurlu algısına dayanmaktadır. Bu algıya göre erkek kadından daha üstün ve daha güçlü olduğu için kadın üzerinde baskı kurması doğal bir haktır. Çok sayıda toplumsal faktör, aile içinde kadına uygulanan şiddeti ortaya çıkarmakta, meşrulaştırmakta ve pekiştirmektedir.

Yapılan birçok araştırma, aile içinde kadına yönelik şiddetin yaygınlığını net bir şekilde ortaya koyarken, toplumsal düzeyde bu şiddet biçimi diğerleri arasında en "görmezden gelinen" ve meşrulaştırılmış olanıdır. Bunun temel sebebi, erkeğin ailede ya da sevgililik ilişkisi içerisinde kadına uyguladığı şiddetin "özel ve mahrem alan" olduğu, yani kamusal alanın dışına ait olduğu; dolaysıyla üçüncü kişilerin, kamu kurumlarının ve yasa koyucuların yetki alanının içine girmediği varsayımıdır.

Bir başka deyişle, kadınların aile içinde ya da sevgililik ilişkileri içinde yaşadıkları dayak, yaralanma, tecavüz, tehdit, dayatma, zorlama, baskı, hakaret ve aşağılanma sırf özel ve mahrem alanda, yani kişiler arası ilişkilerde yaşandığı için toplumsal bir sorun olarak kabul edilmemektedir. Yabancı bir erkeğin hiç tanımadığı bir kadına dayak atması ne toplumsal olarak ne de hukuksal anlamda hoş görülmezken, erkeğin karısına ev içerisinde şiddet uygulaması kabul edilebilir görülmektedir.

Hacettepe Üniversitesi Nüfus Etütleri Enstitüsü tarafından gerçekleştirilen bir araştırmada, kendileriyle görüşülen kadınların % 39'u yemeği yaktığı, kocasına karşılık verdiği, parayı lüzumsuz yere harcadığı, çocuklarının bakımını ve ev işlerini ihmal ettiği ve cinsel ilişkiye girmeyi reddettiği için kocalarından dayak yediklerini söylemişlerdir.

Kadına şiddet uygulayan erkekler üzerinde yapılan araştırmalarda çok ilginç sonuçlara ulaşılmaktadır. Bir araştırmada 6 üniversite mezunu erkekten biri, bir başka araştırmada 5 üniversite mezunu erkekten biri karısına şiddet uygulamaktadır.

Trakya Üniversitesi Edirne Tıp Fakültesi Psikiyatri Anabilim Dalı tarafından yapılan bir araştırmanın sonuçlarına göre kadınlara uygulanan şiddetin eğitim düzeyi ile hiçbir ilgisi yok. Üniversite mezunlarının % 24'ü kadınlara şiddet uygularken, bu oran hiç eğitim almamış erkeklerde % 2'lerde kalıyor.

Üvey Annelerde Çocuk Eğitimi Sorunu

Toplumumuz nedense kaynanaya ve üvey anneye önyargılı bakar. Ancak üvey annelerin yükü ve sorumluluğu kaynanalardan daha fazladır. Kaynana geline küsüp selamı sabahı kesse de genç evlilerin geçimini fazla etkilemeyebilir. Hatta gelinin işine bile gelir. Üvey annenin böyle bir şansı yoktur. Öyle veya böyle üvey çocukla birlikte aynı evi paylaşmak, onun ihtiyaçlarını yerine getirmek ve eğitmek zorundadır.

Sadece üvey anneler yoktur, üvey babalar da vardır. Neden üvey babalar değil de üvey anneler böylesine kötü bir şöhrete sahiptir? Çocuk edebiyatı üvey çocuklarını döven, aç bırakan, işkence eden üvey anne tipleriyle doludur. Masallarda, hikâyelerde ve filmlerde çocukların acımasız, kötü kalpli üvey annenin elinden çektiklerini okudukça ve izledikçe yüreğiniz burkulur, gözleriniz yaşarır. Her toplumda, az veya çok, üvey anneye karşı böyle olumsuz bir önyargı vardır.

Üvey anneye karşı takınılan bu soğuk tutumun sebebi

tamamen psikolojiktir. İnsanlar, kocasını kaybeden çocuklu bir kadın evlendiği zaman çocuklarına sahip çıkacağını, onları üvey babaya ezdirmeyeceğini düşünürler. Bu bir dereceye kadar doğrudur. Çünkü anne gün boyu çocuklarıyla beraberdir, üvey baba işi sebebiyle gününü dışarıda geçirir. Akşam eve geldiğinde eşi tarafından iyi karşılanır, karnı doyarsa fazla problem çıkarmaz.

Üvey anne için durum farklıdır. Çocuklu bir erkekle evlenmeye karar veren kadın, ister kız olsun ister dul olsun çok fark etmez, daha baştan işinin zor olduğunu bilir. Babayı sevdiği ve çocuklara kanı ısındığı için bütün zorluklara katlanmaya, çocuklara iyi bir anne, babaya iyi bir eş olmaya niyetlidir. Ancak iyi niyet her zaman yeterli değildir. Çünkü doğurup büyütmediği, huyunu suyunu bilmediği, yabancı çocuklarla karşı karşıyadır.

Üvey çocuklar ya annelerini kaybetmişlerdir ya da boşanma sonucu anneden ayrı düşmüşlerdir. Her iki durumda da tedirgin ve güvensizdirler. Üvey anne, öz annenin bıraktığı yerden görevi sürdürmek zorundadır. İşe iyi dileklerle başlar. Çocuklara annelerinin yokluğunu hissettirmemek için kolları sıvar. Bunda acıma duygusu kadar kocasını memnun etmek isteğinin de payı vardır.

İlk günlerde üvey anne sabırlı olmaya, kızmamaya çalışır. Çocukları yedirir, içirir, giydirir, onları sevindirecek işler yapar. Ancak çocuklardan beklediği yakınlaşmayı bulamaz. İçi burkulsa da belli etmez. Söz dinlemeyişlerine, yaramazlıklarına, dağınıklıklarına sabırla katlanır. Önceleri nazikçe ikaz eder, sorumluluklarını hatırlatır. Yine aldırmadıklarını görünce içinden ceza vermek gelir, ama vazgeçer. Yanlış bir şey yapmak korkusuyla öfkesini içine atar. Ancak o da bir insandır ve her insan gibi onun da bir katlanma sınırı vardır. Küçük uyarılarda bile çocukların baş kaldırmaları üvey anneyi sertleşmeye zorlar. "Eğer böyle davranmaya devam ederseniz size ceza vermek zorunda kalacağım!" der. Çocuklar zaten böyle bir çatışmaya hazırdır, genellikle büyük çocuk beklenen karşılığı verir: "Sen bize karışamazsın, sen bizim annemiz değilsin! Bize yaptıklarını babama söyleyeyim de gör!" Bu sözler karşısında üvey annenin bütün iyi niyetleri söner.

Çocukların üvey anneyi babaya şikayet etmeleri, ağlayıp sızlanarak duygu sömürüsü yapmaları, babayı taraflı olmaya zorlar. Üvey anneye çocuklarına karşı iyi davranması için baskı yapar. Babanın işe karışması ile üvey annenin işi daha da zorlaşır. İyi niyetinin karşılığını alamadığı için sitem eder: "Ne yapsam senin çocuklarına yaranamıyorum, onlarla baş edemiyorum!" der. İşte üvey annenin kötü şöhreti bu noktadan sonra başlar.

Üvey Anne Gerçekçi Olmalıdır

Üvey anne ne kadar iyi niyetli ve ne kadar fedakar olursa olsun, kendisini üvey çocuklara sevdiremez. Bu onların nankör olduğu anlamına gelmez. Kendinizi o çocukların yerine koyarsanız, onları anlamanız kolaylaşır. Buna psikolojide "empati yapmak" diyoruz. Her çocuk, baştan, annesinin yerini alan yabancı bir kadına karşı kızgınlık duyar. Annesinden ayrı kalmanın verdiği tedirginlik ve güvensizlik duyguları içinde üvey anneye yakınlaşamaz. En iyi davranışlarını bile şüphe ile karşılar. Üvey annenin sevgisini hissetse dahi karşılık veremez. Yabancı bir kadını sevmekle öz annesine karşı nankörlük ettiğini düşünür. Öte yandan bazı ihtiyaçlarını kendi başına karşılayamadığını, üvey anneye muhtaç olduğunu, bu yüzden ona katlanmak zorunda olduğunu, babanın bu ihtiyaçlarını karşılayamadığını bilir. Kendini ortada bırakılmış gibi hisseder. Üvey anne tarafından eleştirilmeye, azarlanmaya katlanamaz. Odasına kapanır, gizliden gizliye ağlar. Babasını yabancı bir kadınla paylaşmak istemez. Üvey anneyi babaya yakın görünce kıskanır. İçten içe kin duyar. Babayla üvey anneyi birbirine düşürdüğü zaman sevinir.

Şimdi kendimizi bir de babanın yerine koyup, durumu onun açısından ele alalım. Evleneceği kadın veya kız için ne kadar araştırma yapmış olursa olsun, kalbinin bir köşesinde hep yeni eşinin çocukları sevip sevemeyeceğine dair bir kaygı vardır. Çoğu baba, çocuklarını üvey anneye ezdirmeme kararıyla ikinci evliliğe başlar. Bu yüzden üvey anne ile çocuklar arasındaki anlaşmazlıklarda tarafsız davranamaz. Ancak vicdanı yeni eşini incitmekten ve sevgisini kaybetmekten yana da değildir. İkilem içerisindedir. Çocukların tarafını tutsa eşi incinecek, eşinin tarafını tutsa çocukları incinecektir. Öz ve üvey çocukların bir arada olduğu durumlarda anlaşmazlıklar daha karmaşık bir hâl alır. "Ayırım yaptın, yapmadın!" tartışmaları başlar. Eğer çocuklar boşanma sonucu anneden ayrı kalmışlar ise, öz anneyi görüp geldikten sonra daha tedirgin, daha şımarık, daha söz dinlemez olurlar.

Zor olmakla beraber, konu yine psikoloji bilgisi ile çözülebilir. Çocuklu bir erkekle evlenmeye karar veren bir kadın, yukarıda saydığımız sebeplerden dolayı, ne yapsa çocukların öz annesi gibi olamayacağını, onun yerini tutamayacağını bilmek durumundadır. Halk arasında bunu çok güzel anlatan bir deyiş var: "Üveyden öz olmaz, ipekten bez olmaz." Bu gerçeği bilerek işe başlayan bir üvey annenin başarı şansı yüksektir. Ne yaparsa yapsın ilk başlarda çocuklar tarafından sıcak karşılanmayacağını bildiği için, çocukların tedirginliğini, güvensizliğini, hırçınlıklarını, nankörlük gibi görünen başkaldırılarını normal karşılar. Çünkü çocukların bu davranışlarıyla üvey annenin iyi niyetini sınadıklarını bilir. Kendisini onların yerine koyar, duygularını anlamaya çalışır.

Üvey Anne, Çocukların Duygularını Anlamaya Çalışmalıdır

Kendinizi çocukların yerine koyun, üvey annenin sizi yanına çağırıp şöyle dediğini düşünün: "Sizin yerinizde olsaydım, ben de öz annemi unutamaz, yabancı bir kadına anne diye sarılamazdım. Öz annenizin yerini tutamayacağımı biliyorum. Bana anne demek zorunda değilsiniz, sizden bunu istemeye hakkım yok. Teyze deyin, hala deyin, içinizden nasıl geliyorsa öyle çağırın. Babanızla evli olduğum için size karşı görevlerim var. Elimden geldiğince bunları yerine getirmeye çalışıyorum. Babanızın beni sevmesi size olan sevgisini azaltmaz. Babanızı elinizden aldığımı düşünmenizi istemem. Eş sevgisi ile evlat sevgisi farklı şeylerdir." Üvey anneyi dinledikten sonra çocuklar şöyle düşünecekler: "Bu kadın bizim duygularımızı anlıyor. Onu sevmediğimizi bildiği halde bizi suçlamıyor, bize karşı iyi davranıyor. Her türlü olumsuzluğumuza katlanıyor. Kötü bir insana benzemiyor. Galiba ona haksızlık yapıyoruz."

Bir doktor arkadaşımla birlikte yaşlı bir hastasını ziyarete gitmiştik. Genç bir bayan bizi kapıda karşıladı. Hastanın odasına girdiğimiz zaman 5-6 yaşlarında bir erkek çocuğu sevinçle bağırdı: "Anneanne, doktor geldi!" Genç bayan, yarı uyur halde yatan yaşlı kadına yaklaştı, alnına bir öpücük kondurdu: "Anneciğim, bak, doktorun geldi. Haydi, aç gözlerini de seni muayene etsin." Yaşlı kadın, gülümseyerek gözlerini açtı. İltifat etmek için, "Hanımefendi, dedim, çok vefalı bir kızınız var, onunla ne kadar övünseniz azdır." Gözlerinde mutluluk ışığı vardı. "Evet beyefendi, çok haklısınız... dedi. O benim dünyadaki tek varlığımdır. O olmasaydı ne yapardım bilemiyorum. Size bir şey daha söyleyeyim, bu güzel bayan benim üvey kızımdır ..." Çok şaşırmıştım. Genç bayan, yaşlı kadına sarıldı: "Benim güzel anacığım, dedi, öz annemde bulamadığım sevgiyi sende buldum. Bana karşı her zaman iyi bir anne oldun. Senin hakkını nasıl öderim ..." Bu yaşlı kadın kesinlikle sabrının, şefkatinin ve karşılıksız sevmenin meyvesini topluyordu.

Yaşlı hasta ile yaptığımız sohbette 10 sene önce kaybettiği kocası ile çok mutlu bir evlilikleri olduğunu, ancak çocukları olmadığı için gündüzleri kendisini yalnız ve amaçsız hissettiğini, kocasıyla konuşarak bir evlatlık almaya karar verdiklerini anlattı. "Bu güzel kızımı yuvadan aldığımızda pek küçüktü, beş aylık bir bebekti," diye devam etti sözlerine. "Bize gösterilen on beş-yirmi bebek arasından onu seçmiştik. Kucağıma aldığımda bana ilk gülümseyişini hiç unutamam. İçim birden ısınıverdi. O dünyanın en güzel bebeğiydi. Evimiz onunla şenlendi, artık boş ve amaçsız değildim. Ancak, içimde hep ya annesi bir gün çıkıp geliverirse diye bir korku vardı. Çok şükür böyle bir şey olmadı, ama olsaydı da buna kendimi hazırlamıştım. Anlayacak yaşa geldiğinde kızıma her şeyi anlattım. Sevgimizin yalan üzerine kurulmasını istemedim. Bir gün nasıl olsa evlatlık alındığını öğrenecekti. Birbirimize karşı hiç yalan söylemedik, bunun çok faydasını gördüm."

Üvey Çocuk, Eğitimi En Zor Çocuktur

Üvey çocuk ile evlatlık alınan çocuk, eğitilmesi ve disiplin altına alınması en zor çocuktur. Üvey anne, çocuğun eğitimini devraldığında yani annelik görevine başladığında çocukların yaşı ne kadar ileri ise eğitimi o kadar zorlaşmaktadır. Çünkü o zamana kadar çocuk iyi veya kötü bir kişilik kazanmış bulunmaktadır.

Genç bir üvey anne bize gönderdiği elektronik mektupta yaşadığı güçlükleri anlatıyor, kendisine yardımcı olmamızı istiyordu. On üç ve on dört yaşlarında iki çocuklu dul bir beyle hayatını birleştirmeye karar vermiş. Evleneli üç-dört ay olmuş. Çocukların annesi vefat etmiş. Baba, eşini kaybettikten sonra evlendiği ikinci eşiyle çocuklar yüzünden anlaşamayarak boşanmış.

"İlk günlerde her şey yolunda gidiyordu," diyen üvey anne şöyle devam ediyordu: "Çocuklar kısa zamanda bana alışmış, 'seni çok seviyoruz, sen bize öbür üvey annemiz gibi kötü davranmıyorsun," diyorlardı. Ancak çok geçmeden sevgimi kullanmaya başladıklarını fark ettim. Beni dinlemiyorlar, derslerine çalışmıyorlar, kafalarının dikine gidiyorlar, sıkıştıkça yalan söylüyorlar. Güzel sözden, nasihatten anlamıyorlar. Kızdığımı anlayınca, 'sen bizi dövmezsin ki' diyorlar. Kocamı üzmemek için her şeyi içime atıyorum. Ne yapacağımı, nasıl davranacağımı bilemiyorum. Neden bu çocuklar sevgiden, iyilikten, güzel sözden anlamıyorlar? Beni üzdüklerini bildikleri halde, neden sözümü dinlemiyorlar? Lütfen bana yardımcı olun, bir çıkış yolu gösterin."

Üvey annenin işi gerçekten zordu. Kendi yetiştirmediği, huyunu suyunu bilmediği çocuklara nasıl davranacağını, onları nasıl eğiteceğini bilmiyordu. Çocuklar, "ön ergenlik" dediğimiz kritik bir dönemden geçiyorlardı. Öz anne babaların bile sağlıklı bir iletişim kurmakta zorlandığı bu fırtınalı dönemde üvey annenin çaresiz kalması gayet normaldi. Yazdığımız cevapta, üvey anneyi bekleyen güçlüklere dikkat çektikten sonra bunları en az zararla nasıl atlatabileceğini anlattık.

Üvey evlat edinmek isteyen veya çocuklu bir erkekle evlenmeye niyetlenen kadınlar, kendilerini bekleyen eğitim güçlüklerini peşinen kabul etmeleri gerekir. Bir üvey anne, kendisini bekleyen güçlükler hakkında ne kadar bilgi sahibi olursa, üvey çocuğa karşı davranışları ve beklentileri o kadar gerçekçi olur.

Mahkûm Annelerde Çocuk Eğitimi Sorunu

Anne veya babası cezaevinde olan okul öncesi çocukların ruh sağlığı önemli sarsıntılar geçirir. Özellikle anne yoksunluğu o dönem çocuk için temel güven duygusundan yoksunluk anlamına gelir. Bir insan düşününüz ormanda tek başına kalmış hiç yardım edeni yok ne derece korku ve panik yaşarsa çocuk on misli fazla yaşar. Çünkü henüz hayata hiç bir hazırlığı yoktur.

Cezalanan anne mi çocuk mu? Bu soruya adli mercilerin düşünerek cevap vermesi gerekir. Okul öncesi çocuğu olan annenin hapse girmesi ve çocuğundan koparılması "suç ve cezanın şahsiliği" ilkesine ters düşmektedir.

Çocukta Korku ve Öfke Duyguları

Korku çocuk için kaçınılmaz ama aynı zamanda temel bir duygudur. Bilinçli bir korku insanın kaynaklarını harekete geçirmesinde yardımcı olur. Tıpkı serçenin uçma yeteneğini geliştirmesinde atmacanın ona saldırması gibi. Ama bu katlanabilir korkular içindir.

Katlanılamayan korkular çocuğun hayatında baskılayıcı, hareketsiz kalıcı bir etki yapar. Özgürlük ve bireyselleşmesi engellenir, omuzlarına fazla yük yüklenir, çocuğun dünyasında yalnızlık alanları meydana getirir.

Çocuk korkularının en iyi terapisi, şefkatli bir anne kucağı ve güven verici sevgi sözcükleridir. Gök gürlemesinden ya da annesinin ceza vereceğinden korkan bir çocuğun en mutlu anı annesinin kucağına sığındığı andır. Çocuk için köpeğin havlaması açık ve yakın bir tehlikedir, korku duygusu uyandırır. Çocuk büyüdükçe korku alanı genişler. Açık havada fırtınaya yakalanma korkusu öğrenme ile kazanılır. Uzak tehlikeler, gelecek endişesi, kendi güdüleri korku alanı olmaya başlar. Algıladığı şeyi büyütürse endişe, kaygı duygusu eklenir.

Çocukta öfke, tıpkı korku gibi kendisini tehdit eden bir çevreyle uğraşma için bir araçtır. Korkuda çocuk kendisini tehdit eden şeyden çekilirken öfkede o şeyin üzerine gider. Öfke sayesinde çocuk kendisini kabul ettirir, kendisini incitenlere ve üzenlere karşılık verir. Öfke yeteneğinin gelişmesi benliğin korunması için korku kadar önemlidir. Öfkesi kabul edilen çocuk öfkesini kontrol etmeyi ve yönetmeyi öğrenir. Öfkesi baskı ve ceza ile karşılanan çocukta düşmanlık ve öç alma duyguları gelişir.

Günlük hayatta ve kendi yaşantımızda örtülü düşmanlıkların çoğu birikmiş öfkelere dayanır. Kökleri çocukluk dönemlerine kadar uzanan düşmanlık duyguları bastırılmış, sönmüş volkan gibi duran çocukluk hatıraları ile ilgili olabilir. Özgürlük, bağımsızlık duyguları gelişmekte olan bir çocuk engellendiğinde veya haksızlığa uğradığını düşündüğünde engelleyen güce karşı öfke ve düşmanlık gelişir. Otorite figürü bazen babadır, bazen patron, bazen devlettir.

Anneden Ayrılmanın Çocuk Üzerinde Etkileri

Bebek daha ilk günden itibaren annenin sıcaklığına sesine, tutuşuna, yani annenin her şeyine büyük ölçüde duyarlıdır ve muhtaçtır.

Çocuğun anneden ayrılması şiddetli bir ayrılık kaygısı (maternal separation anxiety) doğurur. Bu da çocukta güvensizlik, düşmanlık duyguları geliştirerek kişilik gelişimini etkiler. Psikolog Bowlby'nin araştırmalarına göre suçlu yetişkinlerin çoğunda ilk çocukluk yıllarında anneden ayrılma, anneden koparılma vardır.

Okul öncesi dönemde anneden ayrılan çocuklarda çocukluk depresyonları olduğu bilinmektedir. Sürekli ağlayan, yemeyen içmeyen, her şeyi protesto eden çocukta anne yoksunluğu daha uzun sürerse içine kapanmaya başlar. En iyi kurumlarda bile bakılırsa teke tek, devamlı bakımın yerini hiçbir şey tutamamaktadır. İçine kapanan çocukta bir süre sonra çocukluk şizofrenisi belirtileri başlayabilir.

Fransız psikolog Dr. Spitz, annesi cezaevinde olan 6-12 aylık 129 bebek üzerinde yaptığı araştırmada şu ilginç bulgulara ulaşmış:

➜ Bir ay müddetle anneden ayrı kalan bebekler, devamlı mızmızlanıyor, yanına yaklaşan ve kendisine ilgi gösteren her kadına sarılıyor, bırakmak istemiyor.

➜ Eğer bebek bu dönemde annenin yerini alacak bir kadınla karşılaşırsa ona alışıyor fazla ruhsal çöküntü yaşamıyor. Bu kadın bebeğe süt veren ve onu seven biri ise bebek ona daha kolay alışıyor ve bağlanıyor. Araplarda sütanne geleneği çok yaygındır. Peygamber Efendimiz de 5 yaşına kadar bir sütanneye emanet edilmişti.

➜ Anneden ayrı kalış süresi iki ayı geçtiğinde bebeğin davranışları farklılaşmaya başlıyor. Artık kendisine yaklaşan kadınlara ilgi duymuyor, yabancılardan kaçıyor. Yanına yaklaştığınız zaman korku belirtileri gösteriyor, ümitsizce ağlıyor. Yatıştırmak ve memnun etmek zorlaşıyor.

➜ Sevgi sözcüklerine ve sevgi dokunuşlarına olumlu cevap vermiyor.

➔ İştahı azalıyor, kilo kaybetmeye başlıyor.

Anneden ayrı kalış üç ayı geçince bebek adeta şuurlu bir "yas tutma" dönemine giriyor ve derin bir sessizliğe gömülüyor.

➔ Kendisine yakınlık gösteren kadınlara ilgi duymadığı gibi, yabancılardan da kaçmıyor.

➔ Ağlayıp sızlanmıyor.

➔ Dış dünyaya pencerelerini kapatıyor, kendi iç dünyasına çekiliyor.

➔ Beslenmesi ve uykusu düzeni bozuluyor.

➔ "Uykuda yürür" gibi yürüyor.

➔ Dikkati çabuk dağılıyor, sık kaza yapıyor.

➔ Vücut direnci düşüyor, yaraları geç iyileşiyor.

➔ Dördüncü aydan sonra durumu daha da ağırlaşıyor. Yüz ifadesi donuklaşıyor, benzi soluyor.

➔ Gözlerini sabit bir noktaya dikmiş olarak saatlerce oturuyor.

➔ Geceleri kâbuslar görüyor, çığlık atarak uyanıyor. Yardıma gelenlere cevap vermiyor.

➔ Boğuk ve bağırma şeklinde ağlıyor.

Bu araştırma bize çocuk ruh sağlığında ve kişilik gelişiminde anne-çocuk beraberliğinin ne kadar önemli olduğunu gösteriyor. Anne şefkatinden ve sevgisinden mahrum yetişen çocuklar ruhsal yönden geri kalmakta, güven ve bağlanma duyguları gelişmemektedir. Atalarımız bu gerçeği "Anasız kuzu melemez" sözüyle çok güzel ifade etmişler. Bu çocuklar büyüdükleri zaman büyük ihtimalle sosyalleşme sorunu yaşayan, toplum dışı davranan, otoriteye düşman bireyler olacaklardır.

Annesi cezaevinde olan bir çocuğun yaşamına çok kişinin girmesi ruh sağlığına zarar vermektedir. Grup bakımı verilen yuva ve kreş gibi kurumlarda sürekli bakıcı değiştiği için çocuklarda bağlanma ve güven duygusu gelişmemekte; bu da depresyona yol açmaktadır. Doğumu takip eden 3 yıl boyunca anne yerine geçecek kişinin devamlı aynı olması çok önemlidir. Eğer bu sağlanamıyorsæa çocuk, cezaevinde de olsa annesi ile büyümelidir.

Annesini Merak Eden Çocuk

Adını "Kerem" koymuşlardı. Gözlerini Çocuk Esirgeme Kurumu'na bağlı bir yuvada açmıştı. Aynı odada onun gibi irili ufaklı bebekler vardı. Ağlayan, öksüren, hapşıran ve uyuyan bebekler. Onları izlerken hiç canı sıkılmıyordu. Belli saatlerde beyaz önlüklü anneler gelip onlara biberonla mama veriyor, altı kirlenenlerin bezini değiştiriyorlardı.

Hasta olanları hemen "revir" adı verilen başka bir odaya taşıyorlardı. Bir keresinde o da hastalanmış revire gitmişti.

Doktor baba gelip muayene etmiş, ilaç yazmış, hemşire anne de bu ilaçları kendisine içirmişti. İlaç kokulu revir odasını sevmemişti. Bir an önce iyileşip diğer bebeklerin olduğu odaya ve kendi yatağına geri dönmek istiyordu.

Mama veren ve bezini değiştiren beyaz önlüklü anneler hep aynı anneler değildi, sık değişiyordu. Kimisi güleç, kimisi de asık yüzlü idi. Asık yüzlüleri sevmiyordu. Mamasını yedirirken veya altını temizlerken konuşmuyorlar, işleri bitince gidiyorlardı. "Melek" adında, güleç yüzlü, konuşkan bir anne vardı. En çok onu seviyordu. Mama verirken onunla konuşuyor, şakalaşıyor, giderken de öpüyordu. Bir an önce büyümek, Melek anneyle konuşmak, ona sevdiğini söylemek istiyordu.

Melek annenin yardımı ile kısa zamanda yürümeyi ve hemen ardından konuşmayı öğrendi. Artık ona sevdiğini söyleyebilecekti. Ancak çok arzu ettiği bu isteğini yerine getiremedi. Melek anne bir haftadır gelmiyordu. Yerine, adını bilmediği, başka bir bakıcı anne geliyordu. "Melek anne nerde?" diye sordu yeni anneye. "Anlatsam bilmem anlar mısın," dedi yeni anne: "Melek evlendi, işi bıraktı." Yeni anne haklıydı. Anlamamıştı. "Evlenmek nedir?" diye sordu kendi kendine. Sonra: "İş nedir?" dedi. Birinci soruya cevap bulamadı; ama ikinci sorunun cevabını bulmuştu. "Melek anne evlenince beni bıraktı, öyleyse iş benim..." dedi. Melek anneyi artık sevmiyordu. Çünkü evlenip onu terk etmişti.

Dört yaşına gelince "anaokulu" adında başka bir yuvaya verdiler. Yeni öğretmen annelerle ve Müdür babayla tanıştı. Yaşıtlarıyla birlikte oyun oynuyor, şarkı söylüyor, resim yapıyor, sayı saymasını öğreniyordu. En çok masal saatini seviyordu. Bazen öğretmenleriyle birlikte otobüse binip kırlara piknik yapmaya gidiyorlardı. Otobüse binmeyi ve piknik yapmayı da çok seviyordu.

İki sene sonra, yaşıtlarıyla birlikte, kurumun dışında bir ilköğretim okuluna başladı. Okula kurumun minibüsüyle gidip geliyorlardı. Sınıfında tanımadığı başka çocuklar da vardı. Onlarla konuşmaya çekiniyordu. Kurumdaki çocuklara benzemiyorlardı. Sanki başka bir dünyadan gelmiş gibiydiler.

Teneffüs zili çalmış, sınıftan çıkıyorlardı. Arka sırada oturan bir kız çocuğu kendisine yaklaştı ve sordu:

-"Senin adın ne?"

-"Kerem" dedi yurt çocuğu.

Kız çocuğu yine sordu:

-"Senin annen yok mu?"

-"Bakıcı annelerimiz var," dedi Kerem.

Kız güldü:

-"Peki, baban var mı?"

-"Müdür babamız var."

Kız yine güldü. Koşarak bahçeye çıktı. Kerem, kız çocuğunun kendisine gülmesine bir anlam verememişti. Verdiği cevaplarda gülünecek bir şey yoktu. Bakıcılarına hep "anne" demişlerdi. Müdürlerine de "Müdür Baba" diyorlardı ve kimse bunu komik bulmuyordu. Üzüntüyle başını kaldırdı. Kendisine soru soran kız çocuğu uzaktan arkadaşlarına onu gösterip bir şeyler söylüyor, hep birlikte gülüyorlardı.

Sonunda öğretmeninden gerçeği öğrendi. Kendilerine benzemeyen çocukların bir annesi, bir babası, kardeşleri ve birlikte oturdukları bir evi vardı. Büyük anneleri, büyük babaları, amcaları, dayıları, teyzeleri, halaları vardı. Çocuk Esirgeme Kurumuna getirilen bebeklerin de mutlaka bir annesi, bir babası ve akrabaları olmalıydı.

Bir şey daha öğrenmişti Kerem: Bebekleri anneler doğuruyordu. Acaba kendisini doğuran anne kimdi ve şimdi neredeydi? Onu bir cami avlusuna bırakıp kaçmış mıydı; ya da doğururken ölmüş müydü? Annesi ölmüş ise babası neredeydi?

Kim bilir, belki Kerem ömrünün sonuna kadar bu soruların cevabını bulamayacaktı. Annesiz açtığı gözlerini annesiz kapatacaktı.

KAYNAKLAR

Gençlerimiz ve Sorunları, Prof. Dr. Aysel Ekşi, İst. Üniversitesi Mediko Sosyal Yay. İstanbul, 1982

Ruh Sağlığı, Prof. Dr. Refia Şemin-Uğurel, İstanbul, 1982

Çocuk Akıl Sağlığı ve Hastalıkları, Prof. Dr. Rıdvan Cebiroğlu, İst. Üni. İst. Tıp. Fak. Yay. İstanbul, 1982

Çalışan Anne ve Çocuğu, Prof. Dr. Norma Razon, Ana Baba Okulu, Remzi Kitabevi, İstanbul, 1990

Anne İşte, Prof. Dr. Sabiha Aktuna Keskin, Boyut Yayınları, İstanbul, 2010

Anne Baba Okulu, Pedagog Ali Çankırılı, Zafer Yayınları, İstanbul, 2012

Kötü Çocuk Yoktur, Pedagog Ali Çankırılı, Zafer Yayınları, İstanbul, 2010